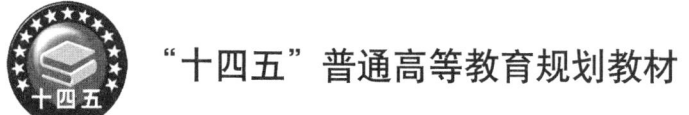 

"十四五"普通高等教育规划教材

基础会计习题集（第二版）

张海梅 高玉梅◎主编

图书在版编目(CIP)数据

基础会计习题集/张海梅,高玉梅主编. —2版. —上海:立信会计出版社,2024.1(2025.8重印)
ISBN 978-7-5429-7536-2

Ⅰ.①基… Ⅱ.①张… ②高… Ⅲ.①会计学－习题集 Ⅳ.①F230-44

中国国家版本馆CIP数据核字(2024)第013366号

策划编辑　　王斯龙
责任编辑　　王斯龙
美术编辑　　吴博闻

基础会计习题集(第二版)
JICHU KUAIJI XITIJI

出版发行	立信会计出版社
地　　址	上海市中山西路2230号　　邮政编码　200235
电　　话	(021)64411389　　传　真　(021)64411325
网　　址	www.lixinaph.com　　电子邮箱　lixinaph2019@126.com
网上书店	http://lixin.jd.com　　http://lxkjcbs.tmall.com
经　　销	各地新华书店
印　　刷	常熟市人民印刷有限公司
开　　本	787毫米×1092毫米　　1/16
印　　张	10.75
字　　数	242千字
版　　次	2024年1月第2版
印　　次	2025年8月第4次
书　　号	ISBN 978-7-5429-7536-2/F
定　　价	30.00元

如有印订差错,请与本社联系调换

第二版前言

本书是《基础会计》(第二版)的配套学习用书。本书结构与主教材在内容和体系上保持一致,便于学生在学习基础会计的同时理解、领会、巩固、掌握所学知识。

与其他同类教材相比,本书具有以下特点。

1. 内容新颖

全书的所有内容均是依据最新修订的《企业会计准则》和最新的税收政策编写,注重会计政策和税收政策的时效性。

2. 归纳总结

本书的每一章节均包括两个组成部分:知识点回顾与单元自测。其中,知识点回顾部分以列表的形式总结了每一章节的重要知识点,归纳了易错易淆点,简明扼要,条理清晰,重点突出,极大地方便广大读者自学。

3. 强化练习

每一章节的单元自测部分均配备了适量的单项选择题、多项选择题、判断题和实务题。习题的覆盖面广,考查的知识点全面,编写过程中参考了初级会计职称考试《初级会计实务》的题库,为广大读者参加初级会计职称考试打下坚实的基础。

本书由张海梅和高玉梅担任主编。其中,第一章、第三章、第四章、第六章、第八章、第十章由张海梅编写,第二章、第五章、第七章、第九章由高玉梅编写;模拟试卷一、二由高玉梅编写,模拟试卷三至五由张海梅编写。张海梅和高玉梅共同负责审阅定稿。

本书既可以作为高等院校会计类、经济管理类专业本专科学生学习基础会计的配套用书,也可以作为自学考试、专接本考试、专转本考试、对口单招考试的配套用书,还可以作为各类高等成人教育和培训的教学用书。

本书在第一版的基础上校正了一些错漏,但由于编者水平有限,书中可能仍存在错漏和不妥之处,敬请读者批评指正,我们将不胜感激。

编 者

2025 年 8 月修订

目 录

第一章　总论 ··· 1
　　第一部分　知识点回顾 ··· 1
　　第二部分　单元自测 ··· 5

第二章　会计要素与会计等式 ··· 14
　　第一部分　知识点回顾 ··· 14
　　第二部分　单元自测 ··· 19

第三章　账户与复式记账 ··· 27
　　第一部分　知识点回顾 ··· 27
　　第二部分　单元自测 ··· 32

第四章　制造业企业主要经济业务的核算 ···································· 43
　　第一部分　知识点回顾 ··· 43
　　第二部分　单元自测 ··· 49

第五章　会计凭证 ··· 58
　　第一部分　知识点回顾 ··· 58
　　第二部分　单元自测 ··· 64

第六章　会计账簿 ··· 72
　　第一部分　知识点回顾 ··· 72
　　第二部分　单元自测 ··· 78

第七章　财产清查 ··· 88
　　第一部分　知识点回顾 ··· 88
　　第二部分　单元自测 ··· 93

第八章　财务会计报告 ·· 101
第一部分　知识点回顾 ·· 101
第二部分　单元自测 ·· 104

第九章　账务处理程序 ·· 114
第一部分　知识点回顾 ·· 114
第二部分　单元自测 ·· 116

第十章　会计工作组织 ·· 123
第一部分　知识点回顾 ·· 123
第二部分　单元自测 ·· 126

《基础会计》期末考试模拟试卷一 ··· 132
《基础会计》期末考试模拟试卷二 ··· 138
《基础会计》期末考试模拟试卷三 ··· 144
《基础会计》期末考试模拟试卷四 ··· 152
《基础会计》期末考试模拟试卷五 ··· 158

第一章 总 论

第一部分 知识点回顾

一、会计的职能

会计职能是指会计在经济管理中所具有的职责和功能,即会计是干什么的。会计的职能可分为基本职能和拓展职能,会计的基本职能如表 1-1 所示,会计的拓展职能如表 1-2 所示。

表 1-1　　　　　　　　　　　　会计的基本职能

基本职能	特点	内容	关系
会计核算职能	▲会计核算主要以货币为计量单位,具有综合性 ▲会计核算包括事前、事中、事后核算 ▲会计核算具有完整性、连续性和系统性的特点	▲资产的增减和使用 ▲负债的增减 ▲净资产(所有者权益)的增减 ▲收入、支出、费用、成本的增减 ▲财务成果的计算和处理 ▲需要办理会计手续、进行会计核算的其他事项	▲会计核算是会计的首要职能,是会计最基本的职能 ▲会计核算是会计监督的基础,会计监督是会计核算质量的保证
会计监督职能	▲会计监督主要是利用核算职能所提供的各种价值指标进行货币监督 ▲会计监督贯穿于经济活动的全过程,包括事前、事中和事后监督	会计人员在进行会计核算的同时,对特定对象(会计主体)经济业务的合法性、合理性进行的审查	

表 1-2　　　　　　　　　　　会计的拓展职能

拓展职能	含　　义
预测经济前景	预测经济前景是指根据财务会计报告等信息,判断和推测经济活动的发展变化规律,以指导和调节经济活动,提高经济效益
参与经济决策	参与经济决策是指根据财务会计报告等信息,运用定量分析和定性分析方法,对备选方案进行经济可行性分析,为企业生产经营管理提供决策相关的信息
评价经营业绩	评价经营业绩是指利用财务会计报告等信息,采用适当的方法,对企业一定经营期间的资产运营、财务效益等经营成果,对照相应的评价标准,进行定量及定性对比分析,作出真实、客观、公正的综合评判

二、会计对象

会计对象是指会计核算和监督的内容,即特定主体能够以货币表现的经济活动。以货币表现的经济活动通常称为资金运动或价值运动。因此,会计对象是社会再生产过程中的资金运动。

以工业企业为例,资金运动可分为资金投入、资金循环与周转(即运用)和资金退出三个阶段。资金投入是单位取得资金的过程,是资金运动的起点,主要包括投资者的资金投入和债权人的资金投入;资金退出是资金运动的终点,主要包括偿还债务、依法缴纳税费、向所有者分配利润、经法定程序减少资本等。

资金的循环是指资金从货币资金形态开始,依次转化为储备资金、生产资金、成品资金形态,最后又回到货币资金形态的过程,称为资金循环;资金的不断循环称为资金周转。

三、会计方法

会计方法是用来反映和监督会计对象,实现会计职能的手段,具体包括会计核算方法、会计检查方法和会计分析方法。其中,会计核算方法是指对企业已经发生的经济活动进行全面、连续、系统的反映和监督所采用的方法,具体内容如表 1-3 所示。

表 1-3　　　　　　　　　　　会计核算方法

项目	内容	关注事项
会计核算方法	▲设置会计科目和账户 ▲复式记账 ▲填制和审核会计凭证 ▲登记账簿 ▲成本计算 ▲财产清查 ▲编制财务会计报告	▲填制和审核会计凭证是会计核算的起点 ▲登记账簿是会计核算的中间环节 ▲编制财务会计报告是会计核算的终点

四、会计基本假设

会计基本假设,又称会计核算的基本前提,是对会计核算所处的时间、空间环境等所作的合理设定,是进行会计确认、计量和报告时必须明确的前提条件。会计基本假设的内容如表1-4所示。

表1-4　　　　　　　　　　会计基本假设

项目	概念	关注事项	关系
会计主体	会计主体是指企业会计确认、计量和报告的空间范围,也就是会计所核算和监督的特定单位或组织	▲ 会计主体不等于法律主体。一般来说,法律主体通常是会计主体,但是,会计主体不一定是法律主体。如企业集团是会计主体,但通常不是一个独立的法律主体	会计主体确立了会计核算的空间范围,持续经营与会计分期确立了会计核算的时间长度,而货币计量则为会计核算提供了必要手段
持续经营	持续经营是指在可预见的未来,会计主体将会按当前的规模和状态持续经营下去,不会停业,也不会大规模削减业务	▲ 企业会计核算所使用的一系列会计处理方法和原则都应建立在持续经营假设的基础上 ▲ 持续经营是会计分期的前提	
会计分期	会计分期是指将一个企业持续经营的生产经营活动人为地划分为一个个连续的、长短相同的期间,以便分期结算账目和编制财务会计报告	▲ 会计期间通常分为会计年度和会计中期,会计中期通常包括半年度、季度和月度 ▲ 由于有了会计分期,才产生了本期与非本期的区别,才产生了权责发生制和收付实现制两种会计基础,出现了应收、应付、预收、预付、折旧、摊销等会计处理方法	
货币计量	货币计量是指会计主体在会计确认、计量和报告时以货币作为计量尺度,反映会计主体的生产经营活动	▲ 我国会计核算以人民币为记账本位币 ▲ 业务收支以人民币以外的货币为主的单位,也可以选定其中一种货币作为记账本位币,但编制的财务会计报告应当折算为人民币反映	

五、会计基础

会计基础是会计确认、计量和报告的基础,是通过确认一定会计期间的收入和费用,从而确定损益的标准。会计基础包括权责发生制和收付实现制,具体内容如表1-5所示。

表 1-5　　　　　　　　　　　　　　会计基础

项目	概念	确认收入的标准	确认费用的标准	适用范围
权责发生制	权责发生制又称应计制或应收应付制,是以收入的权利或支出的义务是否归属于本期作为确认收入和费用的标准	有收款的权利	有付款的责任或义务	企业会计、政府会计中的财务会计、民间非营利组织会计均采用权责发生制
收付实现制	收付实现制又称现金制或现金收付制,是以收到或付出现金为标准,来记录收入的实现或费用的发生,是与权责发生制相对应的一种会计基础	收到款项	支付款项	我国政府会计中的预算会计采用收付实现制,国务院另有规定的,从其规定

六、会计目标

会计目标是要求会计工作完成的任务或达到的标准,即向财务报告使用者提供企业财务状况、经营成果和现金流量等有关的会计信息,反映企业管理层受托责任履行情况,有助于财务报告使用者作出经济决策。

财务报告使用者包括财务报告外部使用者和内部使用者。财务报告外部使用者主要包括政府机构、投资者、债权人、供应商和客户、企业员工和社会公众等;财务报告内部使用者,泛指企业内部各级管理人员,包括董事会成员、总经理、副总经理和各职能部门经理等人员。

七、会计信息质量要求

会计信息质量要求是对企业财务报告中提供的会计信息质量的基本要求,是使财务会计报告中提供的信息对信息使用者决策有用所应具备的基本特征。会计信息质量要求的内容如表 1-6 所示。

表 1-6　　　　　　　　　　　　会计信息质量要求

项目	概念	关注事项
可靠性	可靠性是指企业应当以实际发生的交易或事项为依据进行会计确认、计量和报告,如实反映符合确认和计量要求的各项会计要素及其他相关信息,保证会计信息真实可靠、内容完整	可靠性是对会计信息质量的最基本要求,是会计信息的灵魂

(续表)

项目	概念	关注事项
相关性	相关性又称有用性,是指企业提供的会计信息应当与财务报告使用者的经济决策需要相关,有助于财务报告使用者对企业过去、现在或未来的情况作出评价或者预测	会计信息质量的相关性要求是以可靠性为基础的,两者统一,并不矛盾
明晰性	明晰性又称可理解性,是指企业提供的会计信息应当清晰明了,便于财务会计报告使用者理解和使用	—
可比性	可比性是指企业提供的会计信息应当具有可比性	▲ 横向可比,是指不同企业发生的相同或相似的交易或者事项,应当采用相同或相似的会计政策,确保会计信息口径一致,相互可比 ▲ 纵向可比,是指同一企业不同时期发生的相同或相似的交易或者事项,应当采用一致的会计政策,不得随意变更。确需变更的,应当在附注中予以说明
实质重于形式	实质重于形式是指企业应当按照交易或者事项的经济实质进行会计确认、计量和报告,不应仅以交易或者事项的法律形式为依据	常见案例:融资租入固定资产
重要性	重要性是指企业提供的会计信息应当反映与企业财务状况、经营成果和现金流量有关的所有重要交易或者事项	▲ 重要性的应用需要依赖职业判断,企业应当根据其所处环境和实际情况,从项目的性质和金额大小两方面加以判断 ▲ 常见案例:主营业务收入与其他业务收入的划分
谨慎性	谨慎性又称稳健性,是指企业对交易或者事项进行会计确认、计量和报告应当保持应有的谨慎,不应高估资产或者收益,也不应低估负债或者费用	常见案例: ▲ 企业对可能发生的资产减值损失计提资产减值准备 ▲ 对售出商品可能发生的保修义务确认预计负债 ▲ 对固定资产采用加速折旧法计提折旧等
及时性	及时性是指企业对于已经发生的交易或者事项,应当及时进行会计确认、计量和报告,不得提前或者延后	—

第二部分 单元自测

一、单项选择题

1. 会计的基本职能是( )。

A. 核算和监督 B. 核算和反映
C. 核算和评价 D. 监督和控制

2. 在遵循会计核算的基本原则,评价某些项目的( )时,很大程度上取决于会计人员的职业判断。
   A. 真实性 B. 完整性
   C. 重要性 D. 可比性

3. 企业应当以实际发生的交易或者事项为依据进行会计确认、计量和报告,体现的是会计信息质量的( )。
   A. 可靠性要求 B. 相关性要求
   C. 可理解性要求 D. 实质重于形式要求

4. 下列属于会计监督基础的是( )。
   A. 会计记录 B. 会计分析
   C. 会计核算 D. 会计检查

5. 下列各项中,对企业会计核算资料的真实性、合法性和合理性进行审查的会计职能是( )。
   A. 会计监督职能 B. 评价经营业绩职能
   C. 参与经济决策职能 D. 会计核算职能

6. 下列各项中,不属于反映会计信息质量要求的是( )。
   A. 会计核算方法一经确定不得随意变更
   B. 会计核算应当注重交易和事项的实质
   C. 会计核算应当以权责发生制为基础
   D. 会计核算应当以实际发生的交易或事项为依据

7. 为了将本企业经济活动与其他企业经济活动加以区分,企业在核算时所建立的基本前提是( )。
   A. 会计主体 B. 持续经营
   C. 会计分期 D. 货币计量

8. 甲公司2020年12月份办公楼的租金费用200万元,用银行存款支付180万元,20万元未付。按照权责发生制和收付实现制分别确认费用为( )万元。
   A. 180、20 B. 20、180
   C. 200、180 D. 180、200

9. 企业应当按照交易或者事项的经济实质进行会计确认、计量和报告,不仅仅以交易或者事项的法律形式为依据,体现的是会计信息质量的( )。
   A. 可靠性要求 B. 实质重于形式要求
   C. 可比性要求 D. 谨慎性要求

10. 下列各项中,不属于会计核算方法的是( )。

A. 编制财务预算　　　　　　　　　B. 编制财务报表
C. 成本计算　　　　　　　　　　　D. 财产清查

11. 企业提供的会计信息应当反映与企业财务状况、经营成果和现金流量等有关的所有重要交易或者事项,体现的是会计信息质量的(　　)。
   A. 可比性要求　　　　　　　　　B. 重要性要求
   C. 谨慎性要求　　　　　　　　　D. 及时性要求

12. 企业对交易或者事项进行会计确认、计量和报告不应高估资产或者收益,低估负债或者费用,这体现的是会计信息质量的(　　)。
   A. 可比性要求　　　　　　　　　B. 重要性要求
   C. 谨慎性要求　　　　　　　　　D. 及时性要求

13. 企业对于已经发生的交易或者事项,应当及时进行会计确认、计量和报告,不得提前或者延后,这体现的是会计信息质量的(　　)。
   A. 可比性要求　　　　　　　　　B. 重要性要求
   C. 谨慎性要求　　　　　　　　　D. 及时性要求

14. 固定资产采用加速折旧法折旧,体现了(　　)原则。
   A. 一贯性　　　　　　　　　　　B. 谨慎性
   C. 主要性　　　　　　　　　　　D. 及时性

15. 下列各项中,不属于会计拓展职能的是(　　)。
   A. 预测经济前景　　　　　　　　B. 参与经济决策
   C. 监督经济活动　　　　　　　　D. 评价经营业绩

16. 某企业2020年8月份购入一台不需安装的设备,因暂时不需用,截至当年年底该企业会计人员尚未将其入账,这违背了(　　)要求。
   A. 重要性　　　　　　　　　　　B. 客观性
   C. 及时性　　　　　　　　　　　D. 明晰性

17. 下列各项中,属于对企业会计核算空间范围所作的合理假设的是(　　)。
   A. 会计主体　　　　　　　　　　B. 会计分期
   C. 货币计量　　　　　　　　　　D. 持续经营

18. 下列关于会计基础的相关说法中,不正确的是(　　)。
   A. 会计基础包括权责发生制和收付实现制
   B. 政府会计中的财务会计,采用权责发生制为记账基础
   C. 企业应当以收付实现制为基础进行会计确认、计量和报告
   D. 根据权责发生制,凡是不属于当期的收入和费用,即使款项已在当期收付,也不应作为当期的收入和费用

19. 下列经济业务中,按照权责发生制应计入当期收入的是(　　)。
   A. 本月收到甲企业上月的货款
   B. 本月销售乙企业商品一批,款项尚未收回

C. 本月收回去年支付给乙企业的保证金

D. 本月收到甲企业预付下月的货款

20. 乙企业是甲企业的全资子公司,下列各项不属于甲企业核算范围的是( )。

A. 甲企业购买原材料　　　　　　B. 甲企业向乙企业投资

C. 乙企业购买原材料　　　　　　D. 甲企业从乙企业取得分红

21. 会计核算上所使用的一系列的会计处理方法和原则都是建立在会计主体( )的前提下。

A. 会计主体　　　　　　　　　　B. 持续经营

C. 会计分期　　　　　　　　　　D. 货币计量

22. 下列属于将一个会计主体持续的生产经营活动划分为若干个相等的会计期间的会计核算基本前提是( )。

A. 持续经营　　　　　　　　　　B. 会计年度

C. 会计分期　　　　　　　　　　D. 会计主体

23. 企业提供的会计信息应当清晰明了,便于财务会计报告使用者理解和使用,体现的是( )。

A. 相关性　　　　　　　　　　　B. 可靠性

C. 及时性　　　　　　　　　　　D. 可理解性

24. 在可预见的未来,会计主体不会破产清算,所持有的资产将正常营运,所负有的债务将正常偿还,这属于( )。

A. 会计主体假设　　　　　　　　B. 持续经营假设

C. 会计分期假设　　　　　　　　D. 货币计量假设

25. 下列各项中,关于谨慎性原则的运用正确的是( )。

A. 计提秘密准备

B. 高估资产或收益

C. 对可能发生的各项资产损失,按规定计提资产减值准备

D. 少计负债或费用

二、多项选择题

1. 财务报告使用者主要包括( )。

A. 投资者　　　　　　　　　　　B. 债权人

C. 政府及其有关部门　　　　　　D. 社会公众

2. 会计信息质量的可比性要求包括的含义有( )。

A. 同一企业不同会计期间会计信息的可比

B. 同一企业相同会计期间会计信息的可比

C. 不同企业相同会计期间会计信息的可比

D. 不同企业不同会计期间会计信息的可比

3. 下列关于会计职能的表述中,正确的有( )。

A. 监督职能是核算职能的保障

B. 核算职能是监督职能的基础

C. 预测经济前景、参与经济决策和评价经营业绩是拓展职能

D. 核算和监督是基本职能

4. 下列各项中,属于会计目标的有( )。

   A. 对特定主体的经济活动进行确认、计量和报告

   B. 向财务报告使用者提供会计信息

   C. 对特定主体经济活动和相关会计核算的真实性、合法性和合理性进行审查

   D. 反映企业管理层受托责任的履行情况

5. 下列关于企业会计信息可靠性表述中,正确的有( )。

   A. 企业应当保持应有的谨慎,不高估资产或者收益、低估负债或费用

   B. 企业提供的会计信息应当相互可比

   C. 企业应当保证会计信息真实可靠、内容完整

   D. 企业应当以实际发生的交易或事项为依据进行确认、计量和报告

6. 下列各项中,属于会计核算的基本前提(假设)的有( )。

   A. 会计主体   B. 货币计量

   C. 持续经营   D. 会计分期

7. 下列关于会计职能的表述中,正确的有( )。

   A. 评价经营业绩是会计的拓展职能

   B. 会计核算是会计的基本职能

   C. 会计监督是会计核算的质量保障

   D. 预测经济前景是会计的基本职能

8. 我国《企业会计准则》规定的会计信息质量要求包括( )。

   A. 可靠性   B. 相关性

   C. 重要性   D. 完整性

9. 会计期间可以分为( )。

   A. 月度   B. 季度

   C. 年度   D. 半年度

10. 以权责发生制为核算基础下,下列不属于本期收入或费用的有( )。

   A. 本期支付下期的房屋租金   B. 本期预收的货款

   C. 本期支付上期的房屋租金   D. 本期售出商品但尚未收到货款

11. 下列各项中,反映了可靠性会计信息质量要求的有( )。

   A. 提供的会计信息有助会计信息使用者评价过去、修正未来

   B. 以实际发生的交易或者事项为依据进行确认、计量、报告

   C. 如实反映符合确认和计量要求的会计要素及其他相关信息

   D. 在符合重要性和成本效益原则的前提下,保证会计信息的完整

12. 下列各项中,属于会计的基本职能的有( )。
    A. 会计核算   B. 会计监督
    C. 参与经济决策   D. 预测经济前景

13. 下列各项中,属于会计核算方法的有( )。
    A. 试算平衡方法   B. 填制和审核凭证
    C. 设置会计科目和账户 D. 财产清查

14. 下列各项中,属于会计核算具体内容的有( )。
    A. 资产的增减和使用   B. 会计计划的制订
    C. 所有者权益的增减   D. 财务成果的计算和处理

15. 会计反映各单位经济活动,可以采用的量度包括( )。
    A. 质量量度   B. 劳动量度
    C. 实物量度   D. 货币量度

16. 下列各项中,属于会计信息质量要求中谨慎性要求的有( )。
    A. 应收账款计提坏账准备
    B. 确认预计负债
    C. 同一企业不同时期采用一致的会计政策
    D. 采用直线法摊销无形资产

17. 下列单位的会计核算必须采用权责发生制的有( )。
    A. 某国有电信公司   B. 某民营互联网公司
    C. 某房地产开发公司   D. 某公立大学

18. 下列关于会计信息质量要求的说法中,正确的有( )。
    A. 计提坏账准备体现谨慎性
    B. 经营租赁固定资产符合条件作为使用权资产核算体现实质重于形式
    C. 企业前后各期应用的会计政策一致体现可比性
    D. 不做假账体现可靠性

19. 下列关于会计对象的表述中,正确的有( )。
    A. 会计的对象是指会计核算和会计监督的内容
    B. 凡是特定单位能够以货币表现的经济活动都是会计的对象
    C. 企业会计的对象就是企业的资金运动
    D. 企业的资金运动,表现为资金投入、资金运用和资金退出三个过程

20. 下列关于会计目标的表述中,正确的有( )。
    A. 会计目标是要求会计工作完成的任务或达到的标准
    B. 会计目标是向所有者提供会计信息
    C. 会计目标反映企业管理层受托责任的履行情况
    D. 会计目标是为提高企业经济效益

21. 下列关于会计分期的说法中,正确的有( )。

A. 会计分期是对会计主体活动时间范围的限定
B. 会计期间分为年度、半年度、季度和月度
C. 会计分期不是对会计主体活动空间范围的限定
D. 会计年度、半年度、季度和月度均按公历起讫日期确定

22. 下列关于实质重于形式的表述中,正确的有( )。
A. 应按实际发生的交易或事项为依据进行会计确认、计量和报告
B. 应按照交易或事项的经济实质进行会计确认、计量和报告
C. 不应仅以交易或者事项的法律形式为依据进行会计确认、计量和报告
D. 应仅以交易或者事项的法律形式为依据进行会计确认、计量和报告

23. 会计监督分为( )。
A. 单位内部会计监督   B. 政府监督
C. 社会监督   D. 单位和个人的监督

24. 本月收到上月销售产品的货款已存入银行,下列表述中正确的有( )。
A. 收付实现制下,应当作为本月收入
B. 权责发生制下,不能作为本月收入
C. 收付实现制下,不能作为本月收入
D. 权责发生制下,应当作为本月收入

25. 由于会计分期假设才形成的会计处理方法有( )。
A. 应收   B. 应付   C. 摊销   D. 减值准备

三、判断题

1. 在我国境内设立的企业,会计核算可以不以人民币作为记账本位币。( )
2. 登记账簿是会计核算工作程序的中间环节。( )
3. 会计处理方法应始终保持前后各期一致,不得有任何变更,这就是会计核算的可比性要求。( )
4. 在会计的两项基本职能中,监督职能是其最基本职能。( )
5. 会计对象是指会计核算和监督的基本内容。( )
6. 一般认为,会计对象是社会再生产过程中的资金运动。( )
7. 《企业会计准则》规定,会计的确认、计量和报告应当以收付发生制为基础,收付实现制是以收取或支付的现金作为确认收入和费用的依据。( )
8. 会计信息质量要求的相关性要求企业提供的会计信息应当与财务报告使用者的经济决策需要相关,有助于财务报告使用者对企业过去、现在或未来的情况做出评价或者预测。( )
9. 会计信息质量要求中的可靠性要求企业应当以实际发生的交易或者事项为依据进行会计确认、计量和报告。( )
10. 同一企业不同期间会计信息的可比也称横向可比。( )
11. 会计信息质量要求中的可比性要求对相同或相似的交易或者事项采用一致的会计

政策。( )

12. 会计核算中,企业应以货币为主要计量单位,以实物量或者劳务量为辅,对单位的经济活动进行计量。( )

13. 会计主体假设要求甲企业只能核算甲企业的经济业务,包括甲企业股东投入甲企业的股本,但不能把甲企业股东个人的收入、支出作为甲企业的收入、支出核算。( )

14. 会计的监督职能是会计人员在进行会计核算的同时,对特定主体经济活动的真实性、合法性、合理性进行审查。( )

15. 会计核算是会计监督的基础,没有会计核算,会计监督就失去了依据。( )

16. 会计核算方法是会计方法体系中最基本的方法。( )

17. 签订经济合同是一项经济活动,因此属于会计对象。( )

18. 会计基本假设是企业进行会计确认、计量和报告时必须明确的前提条件。( )

19. 根据经济实质重于法律形式的会计核算原则,将租入的资产作为本企业资产进行核算是正确的。( )

20. 企业为应对市场经济环境下生产经营活动面临的风险和不确定性,应高估负债和费用,低估资产和收益。( )

21. 重要性的应用需要依赖职业判断,企业应当根据其所处环境和实际情况,从项目的金额大小加以判断。( )

22. 会计的核算职能是指对特定主体经济活动和相关会计核算的真实性、合法性和合理性进行审查。( )

23. 会计的目标是向财务报告使用者提供决策有用的信息,并反映企业管理层受托责任的履行情况。( )

24. 为了保证会计信息能够满足决策的需要,便于比较不同企业的财务状况、经营成果和现金流量,不同企业发生相同或者相似的交易或事项,应当采用国家统一规定的相关会计方法和程序。( )

25. 可理解性要求企业的会计信息应当清晰明了、简明扼要,数据记录和文字说明能一目了然地反映出经济活动的来龙去脉,便于财务会计报告使用者理解和使用。
( )

四、计算分析题

资料:永安公司202×年1月份发生下列经济业务(假定不考虑相关税费):

(1) 支付全年财产保险费36 000元。
(2) 销售产品一批,货款120 000元,当即收回60 000元,其余货款尚未收回。
(3) 收到上月的销货款90 000元,存入银行。
(4) 收到购货单位预付的货款100 000元,存入银行。
(5) 预付第一季度固定资产租金60 000元。
(6) 支付本月的水电费1 000元。

(7) 计算本月应负担的短期借款利息1 200元。
(8) 预收三友公司的货款24 000元。

要求：
(1) 采用权责发生制会计核算基础确认1月份的收入、费用和利润。
(2) 采用收付实现制会计核算基础确认1月份的收入、费用和利润。

第二章　会计要素与会计等式

第一部分　知识点回顾

一、会计要素

(一) 会计要素的含义

会计要素是对会计对象进行的基本分类,是会计对象的具体化,是对资金运动第二层次的划分,是反映会计主体的财务状况和经营成果的基本单位。

(二) 会计要素的分类

我国《企业会计准则》将会计要素划分为六类:资产、负债、所有者权益、收入、费用、利润。其中,前三类要素表现资金运动的相对静止状态,属于反映财务状况的会计要素,在资产负债表中列示;后三类要素表现资金运动的显著变动状态,属于反映经营成果的会计要素,在利润表中列示。会计六要素的具体内容如表2-1至表2-6所示。

表2-1　　　　　　　　　　　　　资产

项目	具体内容
资产的定义	资产是指企业过去的交易或者事项形成的、由企业拥有或者控制的、预期会给企业带来经济利益的资源
资产的特征	▲资产是由企业过去的交易或事项形成的 ▲资产是企业拥有或控制的资源 ▲资产预期能给企业带来经济利益
资产的确认条件	符合资产定义的前提下同时满足两个条件: ▲与该资源有关的经济利益很可能流入企业 ▲该资源的成本或者价值能够可靠地计量
资产的分类和内容	▲流动资产:库存现金、银行存款、交易性金融资产、应收票据、应收账款、其他应收款、预付账款、存货等 ▲非流动资产:债权投资、长期股权投资、固定资产、无形资产、长期应收款、长期待摊费用等

表 2-2　　　　　　　　　　　　　　　　负债

项目	具体内容
负债的定义	负债是指企业过去的交易或事项形成的、预期会导致经济利益流出企业的现时义务。现时义务是指企业在现行条件下已经承担的义务
负债的特征	▲ 负债是由企业过去交易或事项形成的 ▲ 负债是企业承担的现时义务 ▲ 负债的清偿预期会导致经济利益流出企业
负债的确认条件	符合负债定义的前提下同时满足以下两个条件： ▲ 与该义务有关的经济利益很可能流出企业 ▲ 未来流出经济利益的金额能够可靠地计量
负债的分类和内容	▲ 流动负债：短期借款、应付账款、预收账款、应付职工薪酬、应交税费、应付股利等 ▲ 非流动负债：长期借款、应付债券、长期应付款等

表 2-3　　　　　　　　　　　　　　　所有者权益

项目	具体内容
所有者权益的定义	所有者权益又称净资产，是企业的资产扣除负债后由所有者享有的剩余权益。公司的所有者权益又称为股东权益
所有者权益的特征	▲ 所有者权益是一种剩余权益 ▲ 除非发生减资、破产、清算等特殊事项，企业一般无需向投资者偿还投入的资本 ▲ 所有者凭借所有者权益参与企业的利润分配
所有者权益的确认条件	所有者权益的确认、计量主要取决于资产、负债、收入、费用等其他会计要素的确认和计量。所有者权益在数量上等于企业资产总额扣除负债后的净额，即为企业的净资产，反映所有者(股东)在企业中享有的经济利益
所有者权益的来源	所有者权益的来源包括所有者投入的资本、直接计入所有者权益的利得和损失、留存收益等，具体表现为实收资本(或股本)、其他权益工具、资本公积、其他综合收益、盈余公积和未分配利润

表 2-4　　　　　　　　　　　　　　　　收入

项目	具体内容
收入的定义	收入是指企业在日常活动中形成的、会导致所有者权益增加的、与所有者投入资本无关的经济利益的流入
收入的特征	▲ 收入是从企业的日常活动中产生的，而不是从偶发的交易或事项中产生 ▲ 收入的取得会导致经济利益流入企业，可能表现为资产的增加，也可能表现为企业负债的减少，或两者兼而有之 ▲ 收入只包括本企业经济利益的流入，不包括为第三方或客户代收的款项，如企业代收的增值税等 ▲ 收入会引起所有者权益增加 ▲ 收入与所有者投入资本无关

(续表)

项目	具体内容
收入的确认条件	当企业与客户之间的合同同时满足下列条件时,企业应当在客户取得相关商品控制权时确认收入: ▲ 合同各方已批准该合同并承诺将履行义务 ▲ 该合同明确了各方与所转让商品或提供劳务相关的权利和义务 ▲ 该合同有明确的与转让商品或提供劳务相关的支付条款 ▲ 该合同具有商业性质,即履行该合同将改变企业未来现金流量的风险、时间、分布或金额 ▲ 企业因向客户转让商品或提供劳务而有权取得的对价很可能收回
收入的分类	▲ 收入按照收入的性质可以分为销售商品的收入、提供劳务或服务的收入等 ▲ 收入按企业经营业务的主次可以分为主营业务收入和其他业务收入

表 2-5　　　　　　　　　　　　　　费用

项目	具体内容
费用的定义	费用是指企业日常活动所发生的、会导致所有者权益减少的、与向所有者分配利润无关的经济利益的流出
费用的特征	▲ 费用是企业在日常活动中发生经济利益的流出,而不是从偶发的交易或事项中发生的经济利益的流出。费用界定为日常活动所发生的,目的是将费用和损失相区分,企业非日常活动所发生的经济利益的流出不能计入费用,而应当计入损失 ▲ 费用可能表现为资产的减少,或负债的增加,或两者兼而有之 ▲ 费用会导致企业所有者权益的减少 ▲ 费用与向所有者分配利润无关
费用的确认条件	根据费用的定义,费用的确认条件包括: ▲ 与费用相关的经济利益很可能流出企业 ▲ 经济利益的流出会导致资产的减少或负债的增加 ▲ 经济利益的流出金额能够可靠计量
费用的分类	费用通常按其与收入进行配比的方法进行分类,分为成本费用和期间费用

表 2-6　　　　　　　　　　　　　　利润

项目	具体内容
利润的定义	利润是指企业在一定会计期间的经营成果,包括收入减去费用后的净额、直接计入当期利润的利得和损失等
利润的确认条件	利润的金额取决于收入和费用、直接计入当期利润的利得和损失金额的计量
利润的内容	利润按其列报程序分为营业利润、利润总额和净利润三个层次

【提示】利得是指企业在非常活动中形成的、会导致所有者权益增加的、与所有者投入资本无关的经济利益的流入;损失是企业非常活动所发生的、会导致所有者权益减少的、与向所有者分配利润无关的经济利益的流出。

(三) 会计要素的计量

会计要素的计量是为了将符合确认条件的会计要素登记入账并列报于财务报表而确定其金额的过程。企业应当按照规定的会计计量属性进行计量，确定相应金额。会计计量属性如表 2-7 所示。

表 2-7 会计计量属性

计量属性	内容	常见应用
历史成本	历史成本又称为实际成本，是指取得或制造某项财产物资时所实际支付的现金或现金等价物。 ▲ 资产按照其购置时支付的现金或者现金等价物的金额，或者按照购置资产时所付出的对价的公允价值计量 ▲ 负债按照其因承担现时义务而实际收到的款项或者资产的金额，或者承担现时义务的合同金额，或者按照日常活动中为偿还负债预期需要支付的现金或者现金等价物的金额计量	固定资产初始入账价值
重置成本	重置成本又称现行成本，是指按照当前市场条件，重新取得同样一项资产所需支付的现金或现金等价物金额。 ▲ 资产按照现在购买相同或者相似资产所需支付的现金或者现金等价物的金额计量 ▲ 负债按照现在偿付该项债务所需支付的现金或者现金等价物的金额计量	盘盈固定资产的计量
可变现净值	可变现净值是指在正常生产经营过程中，以预计售价减去进一步加工成本和预计销售费用以及相关税费后的净值。 ▲ 资产按照其正常对外销售所能收到现金或者现金等价物的金额扣减该资产至完工时估计将要发生的成本、估计的销售费用以及相关税费后的金额计量	存货的期末计量
现值	现值是指对未来现金流量以恰当的折现率进行折现后的价值，是考虑货币时间价值的一种计量属性。 ▲ 资产按照预计从其持续使用和最终处置中所产生的未来净现金流入量的折现金额计量 ▲ 负债按照预计期限内需要偿还的未来净现金流出量的折现金额计量	具有融资性质的分期付款购买固定资产的成本
公允价值	公允价值是指市场参与者在计量日发生的有序交易中，出售一项资产所收到或转移一项负债所需支付的价格。 ▲ 资产和负债按照在公平交易中，熟悉情况的交易双方自愿进行资产交换或者债务清偿的金额计量	交易性金融资产期末计量

二、会计等式

(一) 会计等式的含义

会计等式又称会计平衡公式，是利用数学等式反映会计要素之间内在平衡关系的计算公式。它揭示了会计要素之间的内在联系，因而成为会计核算的理论基础。

(二) 会计等式的类型

根据会计要素之间的关系,会计等式有三种表现形式,具体如表2-8所示。

表2-8　　　　　　　　　　　会计等式的表现形式

会计等式	具体内容	要点提示
资产＝负债＋所有者权益	资产表明企业拥有什么经济资源和拥有多少经济资源,负债和所有者权益表明经济资源的来源渠道,即谁提供了经济资源	用以反映某一特定时点企业资产、负债和所有者权益三者之间平衡关系的会计等式,亦称基本会计等式和静态会计等式。该等式是最基本的会计等式,称为第一会计等式,是复式记账法和编制资产负债表的理论基础
收入－费用＝利润	企业在取得收入的同时,必然要发生相应的费用。通过收入与费用的计量,才能确定一定期间的盈利水平,即实现利润的过程	用以反映利润的形成过程,称为经营成果等式或动态会计等式,该等式是第一等式运动的结果,称为第二会计等式,是编制利润表的理论依据
资产＋费用＝负债＋所有者权益＋收入	一定期间实现的利润属于所有者权益的一部分,所以,从动态的角度来看,以上两个会计等式可以合并为: 资产＝负债＋所有者权益＋利润 资产＝负债＋所有者权益＋收入－费用 即:资产＋费用＝负债＋所有者权益＋收入	从企业的产权关系来看,净收益归属于所有者,净收益成了第一等式与第二等式的连接点

【易错易混点】 资产＝负债＋所有者权益等式还可以表示为"资产－负债＝所有者权益",但不能表示为"资产－所有者权益＝负债"。

(三) 经济业务对会计等式的影响

在经营过程中发生的各种经济活动在会计上称为经济业务,又称会计事项。企业的经济业务事项复杂多样,各项经济业务的发生,必然会引起企业的资产和权益发生增减变动,按其对财务状况等式的影响不同,可以分为以下九种基本情形,如表2-9所示。

表2-9　　　　　　　　　经济业务对会计等式影响的基本类型

序号	资产	＝	负债	＋	所有者权益	对资产总额影响	对权益总额影响
(1)	增加		增加			增加	增加
(2)	增加				增加	增加	增加
(3)	减少		减少			减少	减少
(4)	减少				减少	减少	减少
(5)	一增一减					不变	不变
(6)			一增一减			不变	不变
(7)					一增一减	不变	不变
(8)			减少		增加	不变	不变
(9)			增加		减少	不变	不变

【提示】无论经济业务引起资产、负债和所有者权益发生怎样的增减变化,都不会破坏会计等式的平衡关系。

第二部分 单元自测

一、单项选择题

1. 下列经济业务中,能够使企业资产总额减少的是(   )。
   A. 向银行借款存入开户银行
   B. 以银行存款购入固定资产
   C. 以银行存款偿还借款
   D. 接受投资者投入的现金

2. 下列各项中,符合会计要素中收入定义的是(   )。
   A. 出售材料的收入
   B. 获得的捐赠收入
   C. 罚款收入
   D. 向购货方收回的代垫运费

3. 下列项目中,不属于资产要素的是(   )。
   A. 应收账款
   B. 预收账款
   C. 预付账款
   D. 专利权

4. 负债是指企业由于过去交易或事项形成的(   )。
   A. 现时义务
   B. 过去义务
   C. 将来义务
   D. 永久义务

5. 下列项目中,不属于收入要素的是(   )。
   A. 商品销售收入
   B. 劳务收入
   C. 租金收入
   D. 代收款项

6. 利得是由企业的非日常活动所形成的、会导致(   )增加的,与所有者投入资本无关的经济利益的流入。
   A. 利润
   B. 资产
   C. 所有者权益
   D. 营业外收入

7. 某公司某年年末流动资产为400万元,非流动资产为900万元,流动负债为300万元,非流动负债为400万元。则此年年末所有者权益为(   )万元。
   A. 2 000
   B. 1 300
   C. 100
   D. 600

8. 下列经济业务的发生,不会使会计等式两边总额发生变化的是(   )。
   A. 收回应收账款存入银行
   B. 从银行取得借款存入银行
   C. 收到投资者以固定资产进行的投资
   D. 以银行存款偿还应付账款

9. 下列经济业务中,会引起资产类项目和负债类项目同时减少的是(   )。
   A. 从银行提取现金
   B. 赊购原材料
   C. 用银行存款归还企业的银行短期借款
   D. 接受投资者投入的现金资产

10. 企业所拥有的资产从财产权利归属来看,一部分属于投资者,另一部分属于(   )。
    A. 企业职工   B. 债权人
    C. 债务人   D. 企业法人

11. 一个企业的资产总额与权益总额(   )。
    A. 必然相等   B. 有时相等
    C. 不会相等   D. 只有在期末时相等

12. 某企业权益总额为80万元,现发生一笔以银行存款10万元偿还银行借款的经济业务,此时,该企业的资产总额为(   )。
    A. 80万元   B. 90万元
    C. 100万元   D. 70万元

13. 经济业务发生仅涉及资产这一会计要素时,只引起该要素中某些项目发生(   )。
    A. 同增变动   B. 同减变动
    C. 一增一减变动   D. 不变动

14. 下列各项中,属于引起资产和权益同时减少的业务是(   )。
    A. 用银行存款偿还应付账款 B. 向银行借款直接偿还应付账款
    C. 购买材料货款暂未支付   D. 工资计入产品成本但暂未支付

15. 对会计对象的具体划分称为(   )。
    A. 会计科目   B. 会计原则
    C. 会计要素   D. 会计方法

16. 下列项目中,符合资产定义的是(   )。
    A. 购入的某项专利权   B. 经营租入的设备
    C. 待处理的财产损失   D. 计划购买的某项设备

17. 下列各项中,属于反映企业财务状况的会计要素是(   )。
    A. 收入   B. 所有者权益
    C. 费用   D. 利润

18. 下列关于收入的说法中,错误的是(   )。
    A. 收入是指企业在日常活动中形成的、会导致所有者权益增加的、与所有者投入资本无关的经济利益的总流入
    B. 收入只有在经济利益很可能流入从而导致企业资产增加或者负债减少、且经济利益的流入额能够可靠计量时才能予以确认
    C. 符合收入定义和收入确认条件的项目,应当列入利润表

D. 收入是指企业在日常活动中形成的、会导致所有者权益或负债增加的、与所有者投入资本无关的经济利益的总流入

19. 下列各项中,不属于会计要素的是( )。
    A. 所有者权益 B. 成本
    C. 资产 D. 负债

20. 下列各项经济业务中,会引起公司股东权益总额变动的是( )。
    A. 用资本公积金转增股本
    B. 向投资者分配股票股利
    C. 股东大会向投资者宣告分配现金股利
    D. 用盈余公积弥补亏损

21. 下列业务能够作为费用核算的是( )。
    A. 以现金对外投资 B. 以现金分派股利
    C. 支付劳动保险费 D. 购买固定资产

22. ( )是指企业取得或生产制造某项财产物资时所实际支付的现金或现金等价物。
    A. 现值 B. 重置成本
    C. 历史成本 D. 可变现净值

23. 下列经济业务中,会引起一项负债减少,而另一项负债增加的经济业务是( )。
    A. 以银行借款偿还应付账款 B. 将银行借款存入银行
    C. 用银行存款购买原材料 D. 以银行存款偿还银行借款

24. 下列项目中,属于非流动资产的是( )。
    A. 长期股权投资 B. 应收账款
    C. 存货 D. 库存现金

25. 盘盈固定资产时初始入账价值的计量属性是( )。
    A. 现值 B. 重置成本
    C. 历史成本 D. 可变现净值

二、多项选择题

1. 下列各项中,属于流动资产的有( )。
   A. 存货 B. 无形资产
   C. 长期应付款 D. 应收账款

2. 下列各项中,属于资产的基本特征有( )。
   A. 资产是由过去的交易或事项所形成的
   B. 资产必须是投资者投入或向债权人借入的
   C. 资产是企业拥有或控制的
   D. 资产预期能够给企业带来经济利益

3. 下列各项中,属于反映企业经营成果的会计要素有( )。
   A. 收入 B. 费用

C. 负债 D. 利润

4. 下列各项中,属于正确的会计等式有( )。
   A. 资产＝权益
   B. 资产＝负债＋所有者权益
   C. 资产＝负债＋权益
   D. 收入－费用＝利润

5. 下列各项中,属于所有者权益的是( )。
   A. 所有者投入的资本
   B. 直接计入所有者权益的利得
   C. 直接计入所有者权益的损失
   D. 留存收益

6. 将一项资源确认为资产,需要符合资产的定义,还应同时满足( )。
   A. 与该项资源有关的经济利益很可能流入企业
   B. 与收入相关的经济利益应当很可能流入企业
   C. 未来流出的经济利益的金额能够可靠地计量
   D. 该资源的成本或者价值能够可靠地计量

7. 下列经济业务中,会引起会计等式左右两边同时发生增减变动的有( )。
   A. 收到应收销货款存入银行
   B. 购进材料尚未付款
   C. 用银行存款偿还长期借款
   D. 用资本公积转增资本

8. 期间费用包括( )。
   A. 制造费用
   B. 管理费用
   C. 财务费用
   D. 销售费用

9. 留存收益是企业历年实现的净利润留存于企业的部分,主要包括( )。
   A. 本年利润
   B. 资本公积
   C. 盈余公积
   D. 未分配利润

10. 下列经济业务中,使资产与权益同时减少的有( )。
    A. 收回购货单位前欠货款,存入银行
    B. 以现金支付应付工资
    C. 以银行存款购买固定资产
    D. 以银行存款偿还前欠购料款

11. 根据会计等式可知,下列经济业务不会发生的是( )。
    A. 资产增加,负债减少,所有者权益不变
    B. 资产不变,负债增加,所有者权益增加
    C. 资产有增有减,权益不变
    D. 债权人权益增加,所有者权益减少,资产不变

12. 企业的收入具体表现为一定期间( )。
    A. 现金的流入
    B. 银行存款的流入
    C. 企业其他资产的增加
    D. 企业负债的增加

13. 企业的费用具体表现为一定期间( )。
    A. 现金的流出
    B. 企业其他资产的减少

C. 企业负债的减少 D. 银行存款的流出

14. 所有者权益与负债有着本质的不同,具体体现在( )。
    A. 两者偿还期不同
    B. 两者对企业资产的要求权的顺序不同
    C. 两者享受的权益不同
    D. 两者风险程度不同

15. 下列各项中,能引起会计等式左右两边会计要素变动的经济业务有( )。
    A. 收到某单位前欠货款 20 000 元存入银行
    B. 以银行存款偿还银行借款
    C. 收到某单位投入的机器设备一台,价值 80 万元
    D. 以银行存款偿还前欠货款 10 万元

16. 下列各项中,只引起会计等式左边会计要素变动的经济业务有( )。
    A. 购买材料 800 元,货款暂欠
    B. 从银行提取现金 500 元
    C. 购买机器一台,以存款支付 10 万元货款
    D. 接受国家投资 200 万元

17. 下列经济业务中,只引起会计等式右边会计要素发生增减变动的有( )。
    A. 以银行存款偿还前欠货款
    B. 某企业将本企业所欠贷款转作投入资本
    C. 将资本公积转增资本
    D. 向银行借款,存入银行

18. 下列各项中,属于流动资产的有( )。
    A. 存放在银行的存款 B. 存放在仓库的材料
    C. 厂房和机器 D. 企业的办公楼

19. 下列项目中,属于所有者权益项目的有( )。
    A. 所有者投入的资本
    B. 直接计入所有者权益的利得和损失
    C. 留存收益
    D. 应付职工薪酬

20. 企业在取得收入时可能会影响到的会计要素有( )。
    A. 资产 B. 负债
    C. 所有者权益 D. 费用

21. 下列各项中,不考虑收入的其他因素,符合收入定义的有( )。
    A. 提供服务收入 B. 销售商品取得的收入
    C. 销售材料取得的收入 D. 出售固定资产取得的净收益

22. 下列各项中,不属于企业资产的有( )。

A. 约定未来购入的存货 B. 盘亏的固定资产
C. 临时租入的半年租期的仓库 D. 变质腐烂的存货

23. 会计等式揭示了会计要素之间的内在联系,它是(　　)等会计核算方法建立的理论依据。

A. 设置账户 B. 复式记账
C. 编制财务报表 D. 财产清查

24. 下列项目中,构成企业留存收益的有(　　)。

A. 资本溢价 B. 未分配利润
C. 任意盈余公积 D. 法定盈余公积

25. 关于所有者权益,下列说法中正确的有(　　)。

A. 所有者权益是指企业资产扣除负债后由所有者享有的剩余权益
B. 直接计入所有者权益的利得和损失属于所有者权益
C. 所有者权益余额取决于资产和负债的计量
D. 所有者权益项目应当列入利润表

三、判断题

1. 费用与企业向所有者分配利润无关。（　　）
2. 企业预期在未来发生的交易或事项不形成资产。（　　）
3. 所有者权益金额取决于资产、负债和利润的计量。（　　）
4. 所有者权益的来源包括所有者投入的资本、直接计入所有者利益的利得和损失、留存收益等。（　　）
5. 企业的利得和损失应直接计入当期损益。（　　）
6. 负债是指企业过去的交易或者事项形成的、预期会导致经济利益流入企业的现时义务。（　　）
7. 所有经济业务的发生,都会引起会计恒等式两边发生变化。（　　）
8. 预收账款属于流动负债项目。（　　）
9. 从银行提取现金业务不会引起会计恒等式两边总额发生变动。（　　）
10. 会计要素是指对会计对象进行的基本的分类,是会计对象的具体化,也是会计核算内容的具体化。（　　）
11. 收入不包括为第三方或者客户代收的款项,也不包括处置固定资产净收益和出售无形资产净收益。（　　）
12. 利得是指由企业非日常活动所形成的、会导致所有者权益增加的、与所有者投入资本无关的经济利益的流入,利得不应计入当期损益。（　　）
13. 资产必须能以货币计量,并且在未来能给企业带来经济利益。（　　）
14. 某一财产物资要成为企业的资产,其所有权必须属于企业。（　　）
15. 某出资人以机器作为投资,那么该出资人对该机器就享有相应的权益。（　　）
16. 负债是债权人对企业全部资产的求偿权,所以资产等于负债。（　　）

17. 收入扣除费用成本后即是企业的利润。( )
18. 无论发生何种经济业务,会计等式总是存在的。( )
19. 由于"资产＝负债＋所有者权益",故"资产＝负债＋所有者权益＋利润"这个等式是不正确的。( )
20. "资产＝负债＋所有者权益"这个会计等式是企业资金运动的动态表现。( )
21. 当企业本期收入大于费用时,表示企业盈利,最终导致企业所有者权益增加。( )
22. 资产负债表会计等式与利润表会计等式是两个完全不相联系的会计等式。( )
23. 公允价值,是指市场参与者在计量日发生的有序交易中,出售一项资产所能收到或者转移一项负债所需支付的价格。( )
24. 盈余公积是指企业按规定从营业利润中提取的各种积累资金。( )
25. 当企业的权益总额增加时,根据会计等式可以判断,企业的资产总额一定会增加。( )

四、实务题

1. 资料:某企业1月末有关数据如下:
   (1) 房屋 300 000 元。
   (2) 建筑物 150 000 元。
   (3) 机器设备 200 000 元。
   (4) 运输汽车 120 000 元。
   (5) 动力设备 80 000 元。
   (6) 库存生产用钢材 50 000 元。
   (7) 库存生产用外购零件 10 000 元。
   (8) 库存润滑油料 3 000 元。
   (9) 库存燃料 4 000 元。
   (10) 未完工产品 5 000 元。
   (11) 库存完工产品 20 000 元。
   (12) 出纳员保管的现金 800 元。
   (13) 存在银行的款项 13 200 元。
   (14) 应收京通厂的货款 15 000 元。
   (15) 暂付职工差旅费 1 000 元。
   (16) 国家投入的资本 500 000 元。
   (17) 外单位投入的资本 100 000 元。
   (18) 向银行借入长期借款 200 000 元。
   (19) 向银行借入短期借款 150 000 元。
   (20) 应付海天厂购料款 22 000 元。
   要求:(1) 根据以上资料划分所属的资产项目、负债项目、所有者权益项目。
   (2) 将相同项目的金额相加,最后计算出资产项目、负债项目、所有者权益项目的合计数。

2. 资料:大生公司5月份发生的经济业务如下:
   (1) 以银行存款偿还应付账款10 000元。
   (2) 向银行借入半年期借款60 000元,存入企业存款账户。
   (3) 购入材料物资20 000元,以银行存款支付。
   (4) 银行通知,客户归还所欠货款10 500元。
   (5) 开出现金支票提取现金50 000元,备发工资。
   (6) 按照规定,将盈余公积金50 000元转增资本金。
   (7) 开出应付票据10 000元,归还所欠供应单位的货款。
   (8) 收到华风公司投入的资本100 000元,已转入企业存款户。
   (9) 经协议,返还投资单位前期投入的资金200 000元,以银行存款支付。

   要求:根据上述资料,判断、计算各项经济业务发生后对会计等式的影响并填入表2-10。

   表2-10　　　　　　　经济业务的发生对会计等式的影响

序号	资产项目	权益项目	经济业务类型	经济业务发生对会计等式的影响
1	银行存款	应付账款	资产与权益项目同减10 000元	资产与权益总额减少相等的金额,等式仍平衡
2				
3				
4				
5				
6				
7				
8				
9				

第三章 账户与复式记账

第一部分 知识点回顾

一、会计科目

会计科目,简称科目,是指对会计要素的具体内容分类核算的项目。会计科目的分类和设置原则如表 3-1 所示。

表 3-1　　　　　　　　　　　会计科目的分类及设置原则

项　目			内　容
分类	按其反映的经济内容不同	资产类科目	▲反映流动资产的科目主要有"库存现金""银行存款""应收账款""原材料"等科目 ▲反映非流动资产的科目主要有"长期股权投资""固定资产""在建工程""无形资产"等科目
		负债类科目	▲反映流动负债的科目主要有"短期借款""应付账款""应付职工薪酬""应交税费"等科目 ▲反映非流动负债的科目主要有"长期借款""应付债券"和"长期应付款"等科目
		共同类科目	如"衍生工具""套期工具"等科目
		所有者权益类科目	▲反映资本的科目有"实收资本(或股本)""资本公积"等科目 ▲反映留存收益的科目有"盈余公积""本年利润""利润分配"等科目
		成本类科目	▲反映制造成本的科目有"生产成本""制造费用"等科目 ▲反映劳务成本的科目有"劳务成本"等科目
		损益类科目	▲反映收入的科目主要有"主营业务收入""其他业务收入"等科目 ▲反映费用的科目主要有"主营业务成本""管理费用"等科目

(续表)

项　目			内　容
分类	按提供会计信息的详细程度及其统驭关系	总分类科目	总分类科目又称总账科目或一级科目,它是对会计要素的具体内容进行总括分类,提供总括信息的会计科目,是进行总分类核算的依据
		明细分类科目	明细分类科目也称明细科目,是对总分类科目作进一步分类,提供更为详细具体会计信息的科目
设置原则		合法性原则	会计科目的设置,应当符合国家有关法律法规的规定
		相关性原则	会计科目的设置,应为提供有关各方所需要的会计信息服务,满足对外报告与对内管理的要求
		实用性原则	在合法性的基础上,应根据企业自身特点,设置符合企业需要的会计科目

【易错易混点】

(1)"坏账准备""累计折旧"属于资产类科目,而非负债类科目。
(2)"预付账款"属于资产类科目,而非负债类科目。
(3)"预收账款"属于负债类科目,而非资产类科目。
(4)"其他综合收益"属于所有者权益类科目,而非损益类科目。
(5)"本年利润"属于所有者权益类科目,而非损益类科目。
(6)"主营业务成本""其他业务成本"属于损益类科目,而非成本类科目。

二、账户

账户是根据会计科目设置的,具有一定格式和结构,用于分类反映会计要素增减变动情况及其结果的载体。账户的分类、功能和结构如表3-2所示,会计科目与账户的关系如表3-3所示。

表3-2　　　　　　　　　账户的分类、功能和结构

项　目			内　容
分类	按其反映的经济内容不同	资产类账户	▲反映流动资产的账户主要有"库存现金""银行存款""应收账款""原材料"等账户 ▲反映非流动资产的账户主要有"长期股权投资""固定资产""在建工程""无形资产"等账户
		负债类账户	▲反映流动负债的账户主要有"短期借款""应付账款""应付职工薪酬""应交税费"等账户 ▲反映非流动负债的账户主要有"长期借款""应付债券""长期应付款"等账户
		共同类账户	如"衍生工具""套期工具"等账户

(续表)

项目		内容
分类	按其反映的经济内容不同	
	所有者权益类账户	▲ 反映资本的账户有"实收资本(或股本)""资本公积"等账户 ▲ 反映留存收益的账户有"盈余公积""本年利润""利润分配"等账户
	成本类账户	▲ 反映制造成本的账户有"生产成本""制造费用"等账户 ▲ 反映劳务成本的账户有"劳务成本"等账户
	损益类账户	▲ 反映收入的账户主要有"主营业务收入""其他业务收入"等账户 ▲ 反映费用的账户主要有"主营业务成本""管理费用"等账户
	按提供会计信息的详细程度及其统驭关系	
	总分类账户	▲ 总分类账户又称总账账户或一级账户,是根据总分类科目设置的账户 ▲ 只使用货币计量单位
	明细分类账户	▲ 明细分类账户也称明细账户,是根据明细分类科目设置的账户 ▲ 除了用货币计量以外,必要时还需要使用实物量度、劳动量度来计量
功能		▲ 账户的功能在于连续、系统、完整地提供企业经济活动中各会计要素增减变动情况及其结果的具体信息 ▲ 账户的期初余额、期末余额、本期增加发生额、本期减少发生额统称为账户的四个金额要素。对于同一账户而言,这四个金额要素之间的基本关系为: 期末余额＝期初余额＋本期增加发生额－本期减少发生额
结构		▲ 账户的基本结构,通常包括:①账户名称;②日期;③凭证字号;④摘要;⑤金额(增加额、减少额和余额) ▲ 账户的简化结构,通常被称"丁"字形账户或"T"形账户,教学中使用较多

表 3-3　　　　　　　　　　　会计科目与账户的关系

	会计科目	账户
区别	会计科目仅仅是一个名称,只表明某项经济内容,不存在结构	账户具有一定的格式和结构,可以记录某项经济内容的增减变动情况及其结果,是用来记录经济业务的载体
联系	▲ 会计科目是账户的名称,也是设置账户的依据,账户是会计科目的具体运用 ▲ 在实际工作中,两者不加严格区分,而是相互通用的	

三、借贷记账法

(一) 概念

借贷记账法是指以"借"和"贷"作为记账符号,对每一笔经济业务,都要在两个或两个以上相互联系的账户中以借贷相等的金额进行登记的一种复式记账法。

(二) 借贷记账法的基本内容

借贷记账法的基本内容主要包括记账符号、账户结构、记账规则和试算平衡。

1. 记账符号

借贷记账法以"借"和"贷"作为记账符号,反映会计要素的数量变化。

2. 账户结构

借贷记账法下账户的结构如表 3-4 所示。

表 3-4　　　　　　　　　　　账户的结构

账户类型		账户结构	期末余额方向	期末余额计算公式
资产类、成本类账户		借增贷减	一般在借方	期末借方余额＝期初借方余额＋本期借方发生额－本期贷方发生额
负债类、所有者权益类账户		贷增借减	一般在贷方	期末贷方余额＝期初贷方余额＋本期贷方发生额－本期借方发生额
损益类账户	收入类账户	贷增借减	期末将收入和费用分别转入"本年利润"账户,以计算当期损益,结转后无余额	—
	费用类账户	借增贷减		—

【提示1】期末有余额的账户,余额的方向通常和表示增加的方向是一致的。

【提示2】备抵账户的结构与所调整账户的结构正好相反。如"坏账准备""累计折旧"属于资产类备抵账户,账户结构贷增借减,余额通常在贷方。

3. 记账规则

借贷记账法的记账规则是"有借必有贷,借贷必相等"。

4. 账户的对应关系和会计分录

1) 账户的对应关系

运用借贷记账法对每一项经济业务进行账务处理时,都会在两个或两个以上账户中相互联系地进行登记,这样就会使两个或两个以上账户之间形成相互依存的关系,账户之间的这种相互依存的关系称为账户的对应关系。存在着对应关系的账户称为对应账户。

2) 会计分录

会计分录是指标明某项经济业务应借、应贷账户的名称、方向和金额的书面记录,其具体内容如表 3-5 所示。

表 3-5 会计分录

项目	内容		
构成要素	账户的名称、记账方向和记账金额		
分类	按照其所涉及总分类账户的多少	简单会计分录	一借一贷的会计分录
		复合会计分录	一借多贷的会计分录 一贷多借的会计分录 多借多贷的会计分录
编制步骤	定账户	根据交易或事项的内容进行会计确认,判定交易或事项涉及哪些账户发生变化,其变化是增加还是减少	
	定方向	根据账户的结构,确定应该记入有关账户的借方还是贷方	
	定金额	根据借贷记账法的记账规则,确定应记入每个账户的金额	
书写格式	▲ 先借后贷,上借下贷 ▲ 金额后不要写计量单位 ▲ 若有二、三级明细分类账户,应在总分类账户后依次划杠书写		

5. 试算平衡

1) 试算平衡的概念

试算平衡是指根据资产与权益的恒等关系以及借贷记账法的记账规则,通过对所有账户的记录进行汇总和计算,来检查各类账户记录是否正确的过程。

2) 试算平衡的分类

试算平衡的分类如表 3-6 所示。

表 3-6 试算平衡的种类

类型		定义	公式	理论依据
发生额试算平衡		发生额试算平衡是根据本期所有账户借方发生额合计与贷方发生额合计的恒等关系,检验本期发生记录是否正确的方法	全部账户本期借方发生额合计=全部账户本期贷方发生额合计	有借必有贷,借贷必相等
余额试算平衡	期初余额试算平衡	余额试算平衡是根据本期所有账户借方余额合计与贷方余额合计的恒等关系,检验本期账户记录是否正确的方法	全部账户的借方期初余额合计=全部账户的贷方期初余额合计	资产=负债+所有者权益
	期末余额试算平衡		全部账户的借方期末余额合计=全部账户的贷方期末余额合计	

3) 试算平衡表的编制

试算平衡是通过编制试算平衡表来进行的。试算平衡只是通过借贷金额是否相等来检查记账工作是否基本正确。如果借方金额和贷方金额不相等,可以肯定账户记录或计算有错误,应该查明错误所在并予以纠正;但是,如果借方、贷方金额相等,并不能说明账户记录完全正确,因为有些错误并不会影响借贷双方的平衡关系。

不会影响借贷双方平衡关系的错误有:漏记某项经济业务、错记某项经济业务、借贷方向颠倒、错记借贷方向、错记账户、错记相等的金额等。

第二部分 单元自测

一、单项选择题

1. 下列选项中,会导致试算不平衡的因素是(　　)。
   A. 重记某项经济业务　　　　　　　B. 漏记某项经济业务
   C. 借方多记金额　　　　　　　　　D. 借贷账户用错

2. 下列会计分录中,属于简单会计分录的是(　　)。
   A. 一借多贷　　　　　　　　　　　B. 一贷多借
   C. 一借一贷　　　　　　　　　　　D. 多借多贷

3. 总分类账户与明细分类账户的主要区别在于(　　)。
   A. 记账内容不同　　　　　　　　　B. 记账方向不同
   C. 记账依据不同　　　　　　　　　D. 记录的详细程度不同

4. 某月末编制的试算平衡表中,全部账户的本期借方发生额合计 900 000 元,除"应付账款"以外其他账户的本月贷方发生额合计 895 000 元,则"应付账款"账户的记录应为(　　)。
   A. 本月借方发生额 5 000 元　　　　B. 本月贷方发生额 5 000 元
   C. 月末借方余额 5 000 元　　　　　D. 月末贷方余额 5 000 元

5. 下列关于成本类账户结构描述中,不正确的是(　　)。
   A. 借方登记增加　　　　　　　　　B. 贷方登记增加
   C. 期末余额一般在借方　　　　　　D. 贷方登记减少

6. "应付账款"账户的期末余额等于(　　)。
   A. 期初余额＋本期借方发生额－本期贷方发生额
   B. 期初余额－本期借方发生额－本期贷方发生额
   C. 期初余额－本期借方发生额＋本期贷方发生额
   D. 期初余额＋本期借方发生额＋本期贷方发生额

7. 下列各项中,不属于损益类账户的是(　　)。
   A. "制造费用"账户　　　　　　　　B. "销售费用"账户
   C. "投资收益"账户　　　　　　　　D. "其他业务成本"账户

8. "本年利润"属于(　　)账户。

A. 资产类 B. 负债类
C. 所有者权益类 D. 损益类

9. 下列选项中,属于借贷记账法的记账规则的是( )。
   A. 资产＝负债＋所有者权益
   B. 有借必有贷,借贷必相等
   C. 收入－费用＝利润
   D. 上借下贷,左右错开,金额对应相等

10. 下列关于借贷记账法下账户的结构说法中,错误的是( )。
    A. 损益类账户和负债类账户结构类似
    B. 资产类账户和成本类账户结构相同
    C. 所有者权益类账户和损益类账户中的收入类账户结构相似
    D. 损益类账户期末结转后一般无余额

11. 某项经济业务的会计分录为:

    借:资本公积　　　　　　　　　　　　　　　　　　　　　5 000
　　　贷:实收资本　　　　　　　　　　　　　　　　　　　　　　5 000

    该分录表示( )。
    A. 一个资产项目减少5 000元,一个所有者权益项目增加5 000元
    B. 一个所有者权益项目增加5 000元,另一个所有者权益项目减少5 000元
    C. 一个资产项目增加5 000元,一个所有者权益项目增加5 000元
    D. 一个所有者权益项目增加5 000元,另一个所有者权益项目也增加5 000元

12. 下列关于会计账户的说法中,不正确的是( )。
    A. 按提供信息的详细程度及其统驭关系,可以分为总分类账户和明细分类账户
    B. 按其反映的经济内容,可分为资产类账户、负债类账户、共同类账户、所有者权益类账户、成本类账户和损益类账户
    C. 会计账户是对会计要素分类所形成的项目
    D. 账户是具有一定的格式和结构,核算会计要素增减变动情况及其结果的载体

13. 会计科目的设置,应为提供有关各方所需的会计信息服务,满足对外报告和对内管理的要求,体现了会计科目设置的( )原则。
    A. 合法性 B. 相关性
    C. 灵活性 D. 实用性

14. 下列关于损益类账户的相关说法中,不正确的是( )。
    A. 损益类账户划分为费用类账户和收入类账户
    B. 费用类账户与收入类账户记录增加的方向一致
    C. 收入类账户借方登记减少额,贷方登记增加额
    D. 费用类账户借方登记增加额,贷方登记减少额

15. 下列各项经济业务的会计处理(假定不考虑相关税费)中,不正确的是( )。
    A. 购入原材料,用银行存款支付价款5 000元

    借:原材料   5 000
        贷:银行存款   5 000

    B. 从银行取得20 000元短期借款

    借:银行存款   20 000
        贷:短期借款   20 000

    C. 公司成立时,收到投资者投入款项10 000元存入银行

    借:银行存款   10 000
        贷:实收资本   10 000

    D. 从银行提取备用金2 000元

    借:银行存款   2 000
        贷:库存现金   2 000

16. 下列关于试算平衡的说法中,不正确的是( )。
    A. 试算平衡包括发生额试算平衡和余额试算平衡
    B. 如果试算平衡,说明总分类账的登记一定是正确的
    C. 发生额试算平衡依据的是借贷记账法的记账规则
    D. 余额试算平衡依据的是资产与权益的恒等关系

17. 一般情况下,资产类账户的借方、贷方分别表示( )。
    A. 减少、减少   B. 减少、增加
    C. 增加、减少   D. 增加、增加

18. 某企业月初的"短期借款"账户为贷方余额60万元,本月向银行借入期限为6个月的短期借款20万元,归还以前的短期借款30万元,则本月末短期借款账户的余额为( )万元。
    A. 贷方80   B. 贷方50
    C. 借方50   D. 贷方30

19. 复式记账法是指对于每一笔经济业务,都必须用相等的金额在( )相互关联的账户中进行登记。
    A. 两个   B. 三个以上
    C. 两个或两个以上   D. 一个

20. 企业以银行存款2 000元支付厂部行政管理部门的水电费,该项经济业务中与"银行存款"账户存在对应关系的是( )。
    A. "销售费用"账户   B. "财务费用"账户
    C. "管理费用"账户   D. "生产成本"账户

21. 借贷记账法下,账户之间( )称为对应关系。
    A. 资产与权益的平衡关系　　　　　　　B. 应借应贷的关系
    C. 平行登记的关系　　　　　　　　　　D. 试算平衡的关系
22. 在借贷记账法下,"财务费用"账户的增加额登记在( )。
    A. 借方　　　　　　　　　　　　　　　B. 贷方
    C. 借方和贷方　　　　　　　　　　　　D. 借方或贷方
23. 企业在一定期间内实现的经营成果最终归属于所有者权益,所以将( )归类到所有者权益类账户。
    A. 投资收益　　　　　　　　　　　　　B. 本年利润
    C. 营业外收入　　　　　　　　　　　　D. 主营业务收入
24. 借贷记账法下余额试算平衡的依据是( )。
    A. 借贷记账规则　　　　　　　　　　　B. 借贷账户结构
    C. 平行登记　　　　　　　　　　　　　D. 会计基本等式
25. 借贷记账法下的发生额试算平衡公式为( )。
    A. 全部账户的借方发生额合计＝部分账户的贷方发生额合计
    B. 全部账户的借方发生额合计＝全部账户的贷方发生额合计
    C. 部分账户的借方发生额合计＝部分账户的贷方发生额合计
    D. 某一账户的借方发生额合计＝某一账户的贷方发生额合计

二、多项选择题

1. 账户一般可以提供的金额指标有( )。
    A. 期初余额　　　　　　　　　　　　　B. 本期增加发生额
    C. 期末余额　　　　　　　　　　　　　D. 本期减少发生额
2. 下列各项中,属于成本类账户的有( )。
    A. 主营业务成本　　　　　　　　　　　B. 生产成本
    C. 其他业务成本　　　　　　　　　　　D. 制造费用
3. 会计账户按所提供信息的详细程度及其统驭关系的不同,可分为( )。
    A. 总分类账户　　　　　　　　　　　　B. 明细分类账户
    C. 资产类账户　　　　　　　　　　　　D. 权益类账户
4. 关于明细分类账户的说法中,正确的有( )。
    A. 根据一级科目开设
    B. 是对总分类账户核算内容详细分类的账户
    C. 是进行总分类核算的依据
    D. 提供更加详细具体的指标
5. 下列各项中,属于复式记账法的有( )。
    A. 借贷记账法　　　　　　　　　　　　B. 增减记账法
    C. 收付记账法　　　　　　　　　　　　D. 单式记账法

6. 下列关于复合会计分录的类型中,正确的有(   )。
   A. 一借多贷   B. 多借一贷
   C. 多借多贷   D. 一借一贷

7. 下列各项中,不属于账户对应关系的有(   )。
   A. 相关账户之间的应借、应贷关系
   B. 总分类账户与其所属明细分类账户之间的关系
   C. 资产类账户与负债类账户的关系
   D. 成本类账户与损益类账户的关系

8. 在借贷记账法下,账户的贷方应登记(   )。
   A. 资产、费用的增加数   B. 权益、收入的减少数
   C. 资产、费用的减少数   D. 权益、收入的增加数

9. 运用借贷记账法编制会计分录时,可以编制(   )。
   A. 一借一贷的分录   B. 多借多贷的分录
   C. 多借一贷的分录   D. 一借多贷的分录

10. 在下列会计科目中,按其反映的经济内容,与"管理费用"属于同一类科目的是(   )。
    A. "制造费用"科目   B. "销售费用"科目
    C. "财务费用"科目   D. "其他应收款"科目

11. 下列会计科目中,反映流动负债的有(   )。
    A. "应付账款"科目   B. "应职工薪酬"科目
    C. "应付债券"科目   D. "应交税费"科目

12. 下列关于总分类账户的表述中,正确的有(   )。
    A. 提供总括的核算资料和指标
    B. 提供明细核算资料和指标
    C. 只使用货币计量单位
    D. 必要时还需要使用实物计量、劳动量单位

13. 某企业月末编制试算平衡表时,因"库存现金"账户的余额计算不正确,导致试算平衡表中全部账户月末借方余额合计为 168 000 元,而全部账户月末贷方余额合计为 160 000 元,则"库存现金"账户(   )。
    A. 为借方余额   B. 为贷方余额
    C. 贷方余额多记 8 000 元   D. 借方余额多记 8 000 元

14. 下列关于账户的表述中,正确的有(   )。
    A. 账户是根据会计要素开设的
    B. 账户具有一定格式和结构
    C. 设置账户是会计核算的重要方法之一
    D. 一级账户以下的账户均称为明细账户

15. 下列选项中,以"资产＝负债＋所有者权益"这一会计等式为理论依据的有( )。
    A. 平行登记　　　　　　　　　　　B. 复式记账法
    C. 编制资产负债表　　　　　　　　D. 成本计算

16. 借贷记账法的主要特点包括( )。
    A. 以"借""贷"为记账符号
    B. 以"有借必有贷、借贷必相等"为记账规则
    C. 账户需要固定地划分为资产和负债及所有者权益
    D. 以"借贷相等"的规则进行试算平衡

17. 下列错误,不能通过试算平衡表查找出来的有( )。
    A. 漏记某项经济业务　　　　　　　B. 借贷方向相反
    C. 重记某项经济业务　　　　　　　D. 漏记某个账户余额

18. 下列项目中,构成会计分录要素的有( )。
    A. 记账方向　　　　　　　　　　　B. 账户名称
    C. 经济业务内容　　　　　　　　　D. 金额

19. 负债类账户与( )账户记录的增减方向不一致。
    A. 主营业务收入　　　　　　　　　B. 主营业务成本
    C. 营业外收入　　　　　　　　　　D. 营业外支出

20. 下列关于损益类账户的表述中,正确的有( )。
    A. 损益类账户反映企业发生的收入和成本
    B. 收入类账户结构类似所有者权益类账户
    C. 费用类账户借方登记费用的减少数
    D. 无论收入类账户,还是费用类账户,期末结转后,账户一般无余额

21. 在借贷记账法中,"借"字表示( )。
    A. 收入的增加　　　　　　　　　　B. 费用的增加
    C. 所有者权益的增加　　　　　　　D. 负债的减少

22. 下列账户中,期末通常有余额的有( )。
    A. "销售费用"账户　　　　　　　　B. "实收资本"账户
    C. "主营业务成本"账户　　　　　　D. "库存商品"账户

23. 下列关于"有借必有贷"记账规则理解错误的有( )。
    A. 记入一个账户的借方,必须同时记入该账户的贷方
    B. 记入一个账户的借方,必须同时记入另一个或几个账户的贷方
    C. 记入一个或几个账户的借方,必须同时记入另一个账户的贷方
    D. 记入几个账户的借方,必须同时记入另几个账户的贷方

24. 下列关于总分类账户与明细分类账户关系的说法中,正确的有( )。
    A. 两者核算内容不同
    B. 两者反映内容的详细程度有所不同

C. 总分类账户统驭和控制其所属的明细分类账户

D. 明细分类账户是对总分类账户的具体化和补充说明

25. 下列账户的四个金额要素中,属于本期发生额的是( )。

A. 期初余额　　　　　　　　　B. 本期增加金额

C. 本期减少金额　　　　　　　D. 期末余额

三、判断题

1. 企业只能使用国家统一的会计制度规定的会计科目,不得自行增减或合并。
( )

2. 借贷记账法的记账规则"有借必有贷,借贷必相等"是余额试算平衡的直接依据。
( )

3. 会计人员误将财务费用确认为制造费用,通过试算平衡表无法查出该差错。
( )

4. 账户能够反映交易或事项的发生所引起的会计要素各项目增减变动情况和结果。
( )

5. 我国会计准则规定,企业、行政单位和事业单位会计核算可根据单位的具体情况选择采用借贷记账法、增减记账法或收付记账法记账。
( )

6. 一般而言,账户的期末余额借贷方向与账户本期增加额的借贷方向一致。 ( )

7. 试算平衡具有局限性,不能发现全部记账过程中的错误和遗漏。 ( )

8. 企业试算平衡表中全部账户本期借方发生额合计等于全部账户本期贷方发生额合计,表明该企业本期记账正确。
( )

9. 损益类账户一般没有期末余额,但有期初余额。 ( )

10. 会计分录可以分为一借一贷的简单会计分录和多借多贷的复合会计分录。 ( )

11. 借贷记账法的记账规则为:有借必有贷,借贷必相等。即对于每一笔经济业务都只要在两个账户中以借方和贷方相等的金额进行登记。
( )

12. "制造费用"和"管理费用"账户都应当在期末将本期费用净额转入"本年利润"账户。
( )

13. "借""贷"不仅是记账符号,其本身的含义也应考虑,"借"只能表示债权增加,"贷"只能表示债务增加。
( )

14. 在我国,会计分录记载于记账凭证中。 ( )

15. 会计科目是账户的名称,账户是根据会计科目设置的。 ( )

16. 账户是对会计要素的具体内容进行分类核算的项目。 ( )

17. 对于明细账户较多的会计账户,可以总分类账户下设置二级或三级明细账户。 ( )

18. 如果某一账户的期末余额为50 000元,本期增加发生额为60 000元,本期减少发生额为40 000元,则期初余额为30 000元。
( )

19. 任何在借方或者贷方登记,而无对应的贷方或者借方记录,或者借贷金额不相等的记录,都是错误的会计记录。
( )

20. 某个账户的本期借方发生额合计与其本期贷方发生额合计总是相等的。（ ）
21. 会计科目是账户的具体运用，具有一定的格式和结构。（ ）
22. "本年利润"属于损益类账户，"累计折旧"属于资产类账户，"税金及附加"账户属于成本类账户。（ ）
23. 企业可以根据自身的需要来设置明细账户，并不是所有总账账户都需要设置明细账户。（ ）
24. 账户的余额总是和账户的增加额方向一致。（ ）
25. 凡是有借方余额的账户均是资产账户，凡有贷方余额的账户均为负债或所有者权益账户。（ ）

四、计算分析题

1. 根据下列项目，说明所属的会计科目，从会计要素的角度分析各会计科目的类别，填入表3-7有关栏内。

表3-7　　　　　　　　项目归属表

项目	会计科目	会计科目的所属类别
房屋及建筑物		
机器及设备		
运输汽车		
库存生产用材料		
未完工产品		
库存完工产品		
存放在银行的款项		
出纳保管的现金		
应收某公司货款		
为职工代垫的医药费		
从银行借入3年期的款项		
应付某单位材料款		
应交的所得税		
应收销货的款项		
收到投资者投入的资本		
预收的押金		
销售产品取得的收入		
支付的广告费		
已宣告的现金股利		

2. 假定宏达公司202×年9月的部分经济业务记录在表3-8中的有关账户上。

表3-8　　　　宏达公司202×年9月部分经济业务的记录

借方	库存现金	贷方	借方	银行存款	贷方
期初余额	25 000		期初余额	100 000	
（1）	8 000		（2）	18 000	（1）　8 000
			（3）	200 000	（5）　2 100
			（8）	113 000	（7）　100 000

借方	固定资产	贷方	借方	应付账款	贷方
期初余额	225 000				期初余额　100 000
（4）	113 000		（7）　100 000		（4）　113 000

借方	实收资本	贷方	借方	应收账款	贷方
		期初余额　200 000	期初余额　200 000		
		（3）　200 000	（6）　39 000		（8）　113 000

借方	销售费用	贷方	借方	主营业务收入	贷方
（5）　2 100					（2）　18 000
					（6）　39 000

要求：

(1) 根据上述账面记录内容，补编会计分录。

(2) 根据账户对应关系说明每笔经济业务内容。

3. 永安公司202×年9月30日有关账户余额如表3-9所示。

表3-9　　　永安公司202×年9月30日有关账户余额表　　　金额单位：元

账户名称	期末借方余额	账户名称	期末贷方余额
银行存款	60 000	实收资本	180 000
原材料	30 000	应付账款	40 000
固定资产	150 000	短期借款	20 000

该公司10月份发生下列经济业务(假定不考虑相关税费)：

(1) 投资者追加投资30 000元，存入银行。

(2) 用银行存款偿还应付账款 16 000 元。
(3) 购买原材料 5 000 元,用银行存款支付,材料已入库。
(4) 购买机器设备一台,价值 60 000 元,用银行存款支付 30 000 元,余款暂欠。
(5) 向银行借入为期 6 个月的借款 80 000 元,款项已收存银行。

要求:
(1) 编制会计分录。
(2) 根据期初余额开设"T"形账户(表 3-10)。
(3) 根据 10 月份发生的经济业务登记"T"形账户。
(4) 结出"T"形账户的发生额合计和余额。
(5) 编制总分类账户发生额及余额试算平衡表(表 3-11)。

表 3-10　　　　　　　　　　"T"形账户登记表

借方	银行存款	贷方	借方	原材料	贷方
期初余额			期初余额		
本期发生额合计	本期发生额合计		本期发生额合计	本期发生额合计	
期末余额			期末余额		

借方	固定资产	贷方	借方	实收资本	贷方
期初余额					期初余额
本期发生额合计	本期发生额合计		本期发生额合计	本期发生额合计	
期末余额					期末余额

借方	短期借款	贷方	借方	应付账款	贷方
		期初余额			期初余额
本期发生额合计	本期发生额合计		本期发生额合计	本期发生额合计	
		期末余额			期末余额

表 3-11　　　　　　　　　总分类账户试算平衡表表

账户	期初余额		本期发生额		期末余额	
	借方	贷方	借方	贷方	借方	贷方
银行存款						
原材料						

（续表）

账户	期初余额		本期发生额		期末余额	
	借方	贷方	借方	贷方	借方	贷方
固定资产						
实收资本						
短期借款						
应付账款						
合计						

第四章 制造业企业主要经济业务的核算

第一部分 知识点回顾

一、资金筹集业务的核算

(一) 所有者权益筹资业务的核算

企业所有者权益的来源主要包括所有者直接投入的资本(股份有限公司是通过发行股票的方式直接筹集所有者权益资金)、直接计入所有者权益的利得和损失、留存收益等。投资者向企业投入的资本,即形成企业的资本金,它是所有者权益的主要组成部分,其核算如表 4-1 所示。

表 4-1 所有者权益筹资业务的核算

业务情形	账务处理	
收到投资者 投入的货币资金	借:银行存款 　贷:实收资本 　　　资本公积——资本溢价	(实际收到的金额) (注册资本份额) (超出注册资本份额的部分)
收到投资者投入的 固定资产和无形资产	借:固定资产 　　无形资产 　　应交税费——应交增值税(进项税额) 　贷:实收资本 　　　资本公积——资本溢价	(投资各方确认的价值) (投资各方确认的价值) (注册资本份额) (超出注册资本份额的部分)
发行股票筹集资本	借:银行存款 　贷:股本 　　　资本公积——资本溢价	(实际收到的金额) (股票面值和核定的股份总数的乘积) (超出股本的溢价净收入)
资本公积转增资本	借:资本公积 　贷:实收资本	

(二) 负债筹资业务的核算

企业在生产经营过程中经常需要向银行或其他非银行金融机构借款,或者通过发行公司债券等方式筹集负债资金,以补充经营资金的不足。这里我们主要介绍通过借款方式筹集负债资金的核算,如表 4-2 所示。

表 4-2　　　　　　　　　　　负债筹资业务的核算

业务种类	业务情形	账务处理
短期借款	取得借款时	借:银行存款 　贷:短期借款　　　　　　　　　(借入的本金)
	按期计提(或支付)利息时	借:财务费用　　　　　　　　(借款本金×利率×期限) 　贷:应付利息/银行存款
	到期归还本金及最后一期利息	借:短期借款 　　财务费用 　　应付利息 　贷:银行存款
长期借款	取得借款时	借:银行存款 　贷:长期借款——本金
	按期计提利息时	借:在建工程　　　(工程建造期间应予资本化的借款利息) 　　财务费用　　　(工程完工后应予费用化的借款利息) 　贷:长期借款——应计利息 　　　　　　(计算的到期还本付息长期借款利息)
	到期归还本金及最后一期利息	借:长期借款——本金 　　　　　　——应计利息 　贷:银行存款

二、供应过程业务的核算

(一) 固定资产购置业务的核算

固定资产购置业务,是指企业通过外购方式取得的固定资产的经济业务,其核算内容如表 4-3 所示。

表 4-3　　　　　　　　　　固定资产购置业务的核算

业务种类	业务情形	账务处理
购入不需要安装的固定资产	购入时	借:固定资产 　　应交税费——应交增值税(进项税额) 　贷:银行存款/应付账款等
购入需要安装的固定资产	购入需要安装的固定资产时	借:在建工程 　　应交税费——应交增值税(进项税额) 　贷:银行存款/应付账款等
	安装时	借:在建工程 　　应交税费——应交增值税(进项税额) 　贷:银行存款/应付账款等
	安装完毕,结转其成本	借:固定资产 　贷:在建工程

(二) 材料采购业务的核算

原材料是企业产品生产不可缺少的物质要素,在生产过程中,劳动者借助于劳动资料,对原材料进行加工并改变其原有的物质形态,生产出企业需要的产品。原材料采购业务的核算如表 4-4 所示。

表 4-4　　　　　　　　　　　　材料采购业务的核算

业务情形	账务处理		
料未到款未付	购入时: 借:在途物资 　　应交税费——应交增值税(进项税额) 　　贷:应付账款/应付票据等	验收入库时: 借:原材料 　　贷:在途物资	
料未到款已付	购入时: 借:在途物资 　　应交税费——应交增值税(进项税额) 　　贷:银行存款等	验收入库时: 借:原材料 　　贷:在途物资	
料已到款未付	发票账单已到: 借:原材料 　　应交税费——应交增值税(进项税额) 　　贷:应付账款/应付票据等	月末,发票账单未到: 借:原材料 　　贷:应付账款——暂估应付款 下月初,用相反的分录冲回: 借:应付账款——暂估应付款 　　贷:原材料	
料已到款已付	借:原材料 　　应交税费——应交增值税(进项税额) 　　贷:银行存款等		
采用预付账款结算方式采购原材料	预付时: 借:预付账款 　　贷:银行存款	收到材料并验收入库时: 借:原材料 　　应交税费——应交增值税(进项税额) 　　贷:预付账款	补付货款时: 借:预付账款 　　贷:银行存款 收回余款时: 借:银行存款 　　贷:预付账款

三、生产过程业务的核算

制造企业的主要经济活动是生产符合社会需要的产品。企业生产过程主要业务的核算如表 4-5 所示。

表 4-5　　　　　　　　　　　生产过程业务的核算

业务情形	账务处理
发出材料时	借：生产成本　　　（生产车间领用材料） 　　　制造费用　　　（车间管理部门领用材料） 　　　管理费用　　　（厂部行政管理部门领用材料） 　　　销售费用　　　（专设销售机构领用材料） 　　贷：原材料
计算分配工资时	借：生产成本　　　（生产车间生产工人工资） 　　　制造费用　　　（车间管理人员工资） 　　　管理费用　　　（厂部行政管理人员工资） 　　　销售费用　　　（专设销售机构人员工资） 　　贷：应付职工薪酬——工资
支付工资时	借：应付职工薪酬——工资 　　贷：银行存款/库存现金
计算分配折旧费	借：制造费用　　　（生产车间固定资产折旧费） 　　　管理费用　　　（厂部行政管理部门固定资产折旧费） 　　　销售费用　　　（专设销售机构固定资产折旧费） 　　贷：累计折旧
差旅费业务	预借时： 借：其他应收款 　　贷：库存现金 报销时： 借：制造费用　　　（生产车间负担的差旅费） 　　　管理费用　　　（厂部行政管理部门负担的差旅费） 　　借/贷：库存现金 　　贷：其他应收款
分配结转制造费用	借：生产成本——×产品 　　贷：制造费用
结转完工产品成本	借：库存商品——×产品 　　贷：生产成本——×产品

四、销售过程业务的核算

（一）商品销售业务的核算

销售过程是制造业企业产品价值实现增值的过程。制造业企业的主营业务范围包括销售商品、自制半成品、代制品、代修品以及提供工业性劳务等。制造企业主营业务收支的核算如表 4-6 所示。

表 4-6　　　　　　　　　　　主营业务收支的核算

业务情形	账务处理
销售产品时	借：银行存款/应收账款/应收票据等 　　贷：主营业务收入 　　　　应交税费——应交增值税（销项税额）

(续表)

业务情形	账务处理
结转已销产品成本时	借：主营业务成本 　　贷：库存商品
支付广告费、销售产品的运杂费时	借：销售费用 　　　应交税费——应交增值税（进项税额） 　　贷：银行存款

（二）其他业务收支的核算

企业在经营过程中，除了要发生主营业务之外，还会发生一些非经常性的、具有兼营性质的其他业务。其他业务，也称附营业务，是指企业在经营过程中发生的除主营业务以外的其他销售业务，包括销售多余材料，对外出租固定资产、无形资产、包装物等，其账务处理如表4-7所示。

表4-7　　　　　　　　　　其他业务收支的核算

业务种类	业务情形	账务处理
出租资产	预收租金时	借：银行存款 　　贷：预收账款
出租资产	按月确认租金收入时	借：预收账款 　　贷：其他业务收入 　　　　应交税费——应交增值税（销项税额）
出租资产	计提出租资产的折旧	借：其他业务成本 　　贷：累计折旧
出售余料	出售余料时	借：银行存款/应收账款/应收票据等 　　贷：其他业务收入 　　　　应交税费——应交增值税（销项税额）
出售余料	结转已售材料成本	借：其他业务成本 　　贷：原材料

（三）税金及附加业务的核算

企业在经营活动中按规定应向国家税务机关缴纳一定比例的税金及附加费，包括消费税、资源税、城市维护建设税、教育费附加、房产税、车船税、土地使用税、印花税等相关税费。其账务处理如表4-8所示。

表4-8　　　　　　　　　　税金及附加业务的核算

业务情形	账务处理
计算税金及附加时	借：税金及附加 　　贷：应交税费——应交城市维护建设税 　　　　　　　　——应交教育费附加

(续表)

业务情形	账务处理
缴纳城建税和教育费附加时	借：应交税费——应交城市维护建设税 　　　　　——应交教育费附加 　贷：银行存款

五、财务成果形成与分配业务的核算

（一）财务成果形成业务的核算

财务成果是指企业在一定会计期间所实现的最终经营成果，即企业当期所实现的利润或发生的亏损。财务成果形成业务的核算如表4-9所示。

表4-9　　　　　　　　　　利润形成业务的核算

业务情形	账务处理
收到罚款收入时	借：银行存款 　贷：营业外收入
对外捐赠时	借：营业外支出 　贷：银行存款
计算所得税时	借：所得税费用 　贷：应交税费——应交所得税
结转收入类账户时	借：主营业务收入 　　　其他业务收入 　　　投资收益 　　　营业外收入 　贷：本年利润
结转费用类账户时	借：本年利润 　贷：主营业务成本 　　　其他业务成本 　　　税金及附加 　　　销售费用 　　　财务费用 　　　管理费用 　　　营业外支出 　　　所得税费用

（二）利润分配业务的核算

利润分配是指企业根据国家有关规定和企业章程、投资者协议等，对企业当年可供分配利润指定其特定用途和分配给投资者的行为。利润分配业务的核算如表4-10所示。

表 4-10　　　　　　　　　　利润分配业务的核算

业务情形	账务处理
结转当期实现的净利润时	借：本年利润 　　贷：利润分配——未分配利润 如果是净亏损，则编制相反分录
提取盈余公积时	借：利润分配——提取法定盈余公积 　　　　　　　——提取任意盈余公积 　　贷：盈余公积——法定盈余公积 　　　　　　　——任意盈余公积
宣告现金股利时	借：利润分配——应付现金股利 　　贷：应付股利
用盈余公积补亏时	借：盈余公积 　　贷：利润分配——盈余公积补亏
结转利润分配的各明细账户时	借：利润分配——未分配利润 　　贷：利润分配——提取法定盈余公积 　　　　　　　——提取任意盈余公积 　　　　　　　——应付现金股利 借：利润分配——盈余公积补亏 　　贷：利润分配——未分配利润

第二部分　单元自测

一、单项选择题

1. 下列账户中可以与"应交税费——应交增值税"账户形成对应关系的是（　　）。
   A. "库存商品"账户　　　　　　　　B. "本年利润"账户
   C. "主营业务收入"账户　　　　　　D. "应收账款"账户

2. （　　）是指为筹集生产经营所需资金而发生的费用。
   A. 财务费用　　　　　　　　　　　B. 借入资本
   C. 投入资本　　　　　　　　　　　D. 管理费用

3. 企业为了维持正常的生产经营所需资金而向银行等金融机构临时借入的款项称为（　　）。
   A. 长期借款　　　　　　　　　　　B. 短期借款
   C. 长期负债　　　　　　　　　　　D. 流动负债

4. 企业计提短期借款的利息支出时应借记（　　）账户。
   A. "财务费用"　　　　　　　　　　B. "短期借款"
   C. "应付利息"　　　　　　　　　　D. "在建工程"

5. 在下列"利润分配"账户所属明细账户中,在期末结转后仍可能有余额的是( )账户。
   A. "提取法定盈余公积" B. "提取任意盈余公积"
   C. "应付现金股利" D. "未分配利润"

6. "所得税费用"账户的贷方登记的是( )。
   A. 转入"本年利润"账户的所得税费用
   B. 实际缴纳的所得税费用
   C. 应由本企业负担的税费
   D. 转入"生产成本"账户的税费

7. 企业"生产成本"账户的期初余额为 80 万元,本期为生产产品发生直接材料费用 640 万元、直接人工费用 120 万元、制造费用 160 万元,企业行政管理费用为 80 万元,本期完工产品成本为 640 万元,假定企业只生产一种产品,则企业期末"生产成本"账户的余额为( )万元。
   A. 200 B. 280
   C. 360 D. 440

8. "生产成本"账户期末有借方余额,表示( )。
   A. 本月完工产品成本 B. 本月投入生产费用
   C. 期末库存产品成本 D. 期末在产品成本

9. 企业发生的下列各项费用应作为管理费用的是( )。
   A. 生产车间设备折旧费 B. 固定资产盘亏净亏损
   C. 发生的业务招待费 D. 专设销售机构固定资产的折旧费

10. 企业发生的下列税费中,与企业损益计算无关的是( )。
    A. 消费税 B. 一般纳税人企业的增值税
    C. 所得税 D. 城市维护建设税

11. 某企业销售一批商品,增值税专用发票上注明的价款为 300 万元,适用的增值税税率为 13%,为购买方代垫运杂费 10 万元,款项未收回,则该企业确认的应收账款为( )万元。
    A. 300 B. 310
    C. 339 D. 349

12. 企业购入原材料,买价 2 000 元,增值税进项税额为 260 元,发生运费 200 元,增值税进项税额为 18 元,入库前发生挑选整理费用 90 元。该批原材料的实际成本为( )元。
    A. 2 568 B. 2 478
    C. 2 290 D. 2 308

13. 下列不属于期间费用的是( )。
    A. 制造费用 B. 管理费用

C. 财务费用 D. 销售费用

14. 结转已售产品的成本60 000元,应做的分录是(　　)。
    A. 借:库存商品60 000,贷:生产成本60 000
    B. 借:主营业务成本60 000,贷:库存商品60 000
    C. 借:主营业务成本60 000,贷:主营业务收入60 000
    D. 借:本年利润60 000,贷:主营业务成本60 000

15. 下列账户中,发生额于期末不应转入"本年利润"账户的是(　　)账户。
    A. "主营业务收入" B. "主营业务成本"
    C. "制造费用" D. "其他业务收入"

16. 固定资产因损耗而减少的价值,应记入(　　)账户的贷方。
    A. "累计折旧" B. "固定资产"
    C. "管理费用" D. "制造费用"

17. 不影响本期营业利润的项目是(　　)。
    A. 主营业务成本 B. 主营业务收入
    C. 管理费用 D. 所得税费用

18. 下列不属于营业外支出的项目是(　　)。
    A. 固定资产盘亏损失 B. 非常损失
    C. 捐赠支出 D. 坏账损失

19. 下列账户中与"主营业务收入"账户发生对应关系的账户是(　　)。
    A. "主营业务成本" B. "销售费用"
    C. "税金及附加" D. "本年利润"

20. 下列选项中,应计入产品成本的工资费用是(　　)。
    A. 行政管理部门人员工资 B. 在建工程人员工资
    C. 专设销售机构人员工资 D. 基本生产车间管理人员工资

21. 下列项目中不属于企业营业收入的是(　　)。
    A. 提供劳务取得的收入 B. 销售商品的收入
    C. 出售固定资产取得的收益 D. 出租机器设备取得的收入

22. 下列账户中,与"制造费用"账户不可能发生对应关系的是(　　)账户。
    A. "累计折旧" B. "生产成本"
    C. "应付职工薪酬" D. "库存商品"

23. 企业会计年末结账时,应将本期发生的各类支出转入(　　)。
    A. "本年利润"的借方 B. "本年利润"的贷方
    C. "利润分配"的借方 D. "利润分配"的贷方

24. "未分配利润"明细账年终贷方余额表示(　　)。
    A. 累计未弥补的亏损数 B. 本年可供分配的利润数
    C. 累计未分配的利润数 D. 本年发生的亏损数

25. 某企业月初甲在产品成本为8 900元,本月为生产甲产品投入生产费用28 000元,月末有在产品成本8 000元,则本月已完工入库的甲产品成本为( )元。
   A. 28 900   B. 27 100   C. 28 000   D. 36 900

二、多项选择题

1. 外购材料的实际采购成本一般包括( )。
   A. 买价   B. 仓库保管人员工资
   C. 运输途中的合理损耗   D. 入库前的挑选整理费用

2. 产品的生产成本包括( )。
   A. 直接材料   B. 直接人工
   C. 管理费用   D. 制造费用

3. 下列费用不应计入"制造费用"账户的有( )。
   A. 车间设备折旧费   B. 行政管理人员的工资
   C. 车间机物料消耗   D. 财务人员福利费

4. 关于"本年利润"账户结构,下列说法中正确的有( )。
   A. 借方为转入的各项费用数额   B. 贷方为转入的各项收入数额
   C. 贷方余额为本年实现的利润总额   D. 会计年末结转后无余额

5. 下列项目中,应在"管理费用"账户中核算的有( )。
   A. 总部办公楼的折旧费   B. 董事会经费
   C. 业务招待费   D. 聘请中介机构费

6. 下列各项中,企业不应通过"应付账款"科目核算的有( )。
   A. 应付存入保证金
   B. 应付债券利息
   C. 应付材料采购款
   D. 应付分期付款购买固定资产发生的款项

7. 下列项目中,不应计入产品生产成本的有( )。
   A. 销售费用   B. 管理费用
   C. 财务费用   D. 制造费用

8. 下列关于"制造费用"账户结构的说法中,正确的有( )。
   A. 借方登记实际发生的各项费用
   B. 贷方登记分配计入产品成本的制造费用
   C. 期末在费用结转后一般没有余额
   D. 期末余额在贷方,表示在产品的制造费用

9. 下列各项中,应当计入外购的需要安装设备的原始价值的有( )。
   A. 装卸费   B. 安装成本
   C. 该固定资产的增值税进项税额   D. 运输费

10. 下列账户中,月末一般没有余额的有( )。

A. "生产成本" B. "销售费用"
C. "管理费用" D. "应付职工薪酬"

11. 在会计期末,下列账户中发生额应转入"本年利润"账户贷方的有( )。
    A. "主营业务收入" B. "主营业务成本"
    C. "其他业务收入" D. "其他业务成本"

12. "财务费用"账户的贷方登记( )。
    A. 利息支出 B. 汇兑收益
    C. 利息收入 D. 银行手续费

13. 为了具体核算企业利润分配和历年分配后的结存余额,"利润分配"账户应设置的明细账户有( )。
    A. 应交所得税 B. 提取任意盈余公积
    C. 提取法定盈余公积 D. 未分配利润

14. 企业发生的下列事项中,应计入营业外收入的有( )。
    A. 接受他人的捐赠 B. 无法查明原因的现金溢余
    C. 罚没收入 D. 罚没支出

15. 企业购入需要安装的设备一台,用银行存款支付买价、税金、运费、包装费,在安装过程中耗用人工、材料费用。这项业务涉及的账户有( )。
    A. "应付职工薪酬" B. "银行存款"
    C. "在建工程" D. "原材料"

16. 下列账户中,在期末结转后无余额的有( )。
    A. "所得税费用" B. "税金及附加"
    C. "主营业务成本" D. "应交税费"

17. 下列各项税费中,属于税金及附加的有( )。
    A. 城市维护建设税 B. 消费税
    C. 教育费附加 D. 增值税

18. 下列关于"累计折旧"账户的说法中,正确的有( )。
    A. 属于资产类账户 B. 核算固定资产价值的减少情况
    C. 借方登记转出固定资产注销的折旧 D. 贷方登记折旧的增加

19. 下列各项中,属于利润分配程序的有( )。
    A. 计算本期实现的净利润 B. 提取法定盈余公积
    C. 提取任意盈余公积 D. 向投资者分配利润

20. A公司结转202×年实现的收入和成本费用,本年实现的主营业务收入20万元,主营业务成本10万元,税金及附加2万元,其他业务收入1万元,其他业务成本0.8万元,期间费用3万元,营业外收入1万元,营业外支出0.5万元,A公司所得税税率为25%,假定不存在纳税调整事项,则下列说法正确的有( )。
    A. 该公司利润总额为5.7万元 B. 该公司营业利润为5.2万元

C. 该公司本年应交所得税为1.3万元　　D. 该企业净利润约为4.275万元

21. 下列各项中,不应计入管理费用的有( )。
    A. 行政部门办公楼折旧　　　　　　B. 生产用设备折旧
    C. 销售材料的成本　　　　　　　　D. 专设销售机构房屋的修理费

22. 企业接受投资者投入的不需要安装的设备一台,公允价值为50万元。则下列账务处理中正确的有( )。
    A. 借记"材料采购"50万元　　　　　B. 借记"固定资产"50万元
    C. 贷记"资本公积"50万元　　　　　D. 贷记"实收资本"或"股本"50万元

23. 应收账款的入账价值包括( )。
    A. 销售商品的价款　　　　　　　　B. 销售商品的增值税
    C. 代购买方垫付的包装费　　　　　D. 代购买方垫付的运杂费

24. 采购员报销差旅费不涉及的账户有( )。
    A. "其他应付款"　　　　　　　　　B. "其他应收款"
    C. "管理费用"　　　　　　　　　　D. "累计折旧"

25. 下列项目中,属于"销售费用"账户核算内容的有( )。
    A. 广告费　　　　　　　　　　　　B. 产品展览费
    C. 销售部门人员工资　　　　　　　D. 业务招待费

三、判断题

1. 企业收到投资者的投资应按照实际数额记入"实收资本"账户。( )
2. 企业在其生产经营过程中取得的收入和利得、发生的费用和损失,为简化核算可直接增减投入资本。( )
3. "应收账款"账户核算企业因销售产品或材料、提供劳务、职工借款等业务,应向购货单位或职工个人收取的款项。( )
4. 期间费用是指不能直接归属于某个特定产品成本的费用,如销售费用、管理费用、财务费用、制造费用。( )
5. 管理费用应按一定的分配方法分配计入各项产品成本中。( )
6. 固定资产的价值随其损耗,逐渐地、部分地转移到产品成本中去,因此"固定资产"账户应反映固定资产现有的价值。( )
7. "应交税费"账户的余额必定在贷方,表示应缴未缴的税金。( )
8. 短期借款是指企业向银行或其他金融机构等借入的期限在一年以内(含一年)的各种借款。( )
9. "应付职工薪酬"账户期末如有贷方金额,表示应付未付的职工薪酬,即本月应付职工薪酬大于实发职工薪酬的差额。( )
10. 财务费用是一种期间费用,按月归集,月末全部转入"本年利润"账户。( )
11. 企业以当年实现的利润弥补以前年度结转的未弥补亏损时,不需要进行专门的账务处理。( )

12. "投资收益"是一个所有者权益类账户,用来核算企业对外投资取得的收入或发生的损失。（　）
13. 企业用支票支付货款时,应通过"应付票据"账户进行核算。（　）
14. 企业的资本公积和未分配利润称为留存收益。（　）
15. "所得税费用"账户的余额期末时应转入"利润分配"账户。（　）
16. 行政管理部门领用的原材料应记入"制造费用"账户。（　）
17. 企业发生的营业外支出,在相对应的会计期间应当计入企业当期的营业利润。（　）
18. 税金及附加是指企业经营活动应负担的相关税费,包括增值税、消费税、城市维护建设税、资源税和教育费附加等。（　）
19. 企业出售原材料获得的款项扣除其成本后的净额,应当计入营业外收入或营业外支出。（　）
20. "所得税费用"账户用来核算企业按规定从当期利润总额中减去的所得税费用,是损益类账户。（　）
21. 如果可供分配的利润为负数（即累计亏损）,则不能进行后续分配。（　）
22. 期末应将损益类账户的金额转入"本年利润"账户,结平所有损益类账户。（　）
23. 企业应缴纳的各种税金均应通过"应交税费"账户核算。（　）
24. 企业生产车间（部门）和行政管理部门等发生的固定资产修理费用等后续支出,应在发生时计入管理费用。（　）
25. "利润分配"账户所属的明细分类账户期末结转后都没有余额。（　）

四、实务题

1. 天宏公司12月份发生下列经济业务：
   (1) 向银行借入偿还期为4个月的借款200 000元,已存入开户银行。
   (2) 收到投资者投入的货币资金500 000元,存入银行。
   (3) 向M公司购入甲材料30吨,每吨1 000元；购入乙材料20吨,每吨2 500元,增值税税率为13%。材料尚在运输途中,货款尚未支付。
   (4) 以库存现金支付上述甲、乙两种材料的运费600元,增值税税额54元,材料的运费按材料重量比例分配。甲、乙材料均已运到并验收入库,结转其实际采购成本。
   (5) 购入生产设备一台,价款60 000元,增值税税额7 800元,以银行存款支付,设备购回即投入使用。
   (6) 用银行存款支付上月应缴纳的企业所得税2 000元。
   (7) 车间领用材料5 000元,其中,用于A产品生产2 500元,用于B产品生产2 000元,用于车间一般消耗500元。
   (8) 从开户银行提取现金36 000元备用。
   (9) 以银行存款支付上月员工工资40 000元。
   (10) 以银行存款支付员工各种福利费共计4 000元。

(11) 企业销售 A 产品,价款 30 000 元,增值税税率为 13%,收到商业汇票一张。

(12) 用银行存款支付销售产品的广告宣传费 2 000 元,增值税税额 120 元。

(13) 企业销售 B 产品,价款 100 000 元,增值税税率为 13%,收到转账支票一张,已到银行办妥进账手续。

(14) 开出现金支票 1 130 元,支付购买厂部办公用品款 1 000 元,增值税税额 130 元。

(15) 接银行通知,收到 S 公司前欠货款 33 900 元。

(16) 计提本月固定资产折旧,其中车间 11 000 元,厂部 3 000 元。

(17) 销售的上述 A 产品属于应征消费税的产品,按 5% 的税率计算 A 产品应交的消费税。

(18) 分配本月工资费用共计 38 500 元,其中 A 产品生产工人工资 15 000 元,B 产品生产工人工资 12 500 元,车间管理人员工资 5 000 元,厂部管理人员工资 6 000 元。

(19) 计提应由本月负担的银行借款利息 1 200 元。

(20) 月末,按 A、B 产品生产工人工资比例分配结转制造费用。

(21) 本月生产的 A、B 产品全部完工验收入库,结转其实际生产成本。

(22) 结转本月已销产品的实际成本 80 000 元,其中 A 产品 15 000 元,B 产品 65 000 元。

(23) 月末,将各损益类账户余额结转至"本年利润"账户。

(24) 计算本月利润总额,按 25% 的税率计提所得税并予以结转。

(25) 若公司 1~11 月份累计实现净利润 125 000 元,计算并结转全年实现的净利润。

(26) 按全年实现净利润的 10% 提取盈余公积。

(27) 用剩余利润的 30% 向投资者分配现金股利。

(28) 结转"利润分配"明细分类账户。

要求:根据上述经济业务编制会计分录。

2. 三元公司 202×年 10 月发生如下经济业务:

(1) 2 日,收到投资者追加投资 1 000 000 元,存入银行。

(2) 3 日,购入甲材料 50 吨,买价 50 000 元,增值税进项税额为 6 500 元,款项通过银行付讫,材料已验收入库。

(3) 5 日,通过银行向 A 公司支付所欠材料款 400 000 元。

(4) 8 日,仓库发出甲材料,其中生产 A 产品耗用甲材料 45 000 元,行政管理部门耗用甲材料 20 000 元,车间一般耗用甲材料 5 000 元,专设销售机构耗用甲材料 2 000 元。

(5) 12 日,采购员王明预借差旅费 10 000 元,以现金付讫。

(6) 13 日,购入不需要安装的生产用甲设备一台,买价 100 000 元,运费 5 000 元,增值税进项税额为 13 450 元,开出一张面值为 118 450 元的商业汇票支付上述款项。

(7) 18 日,以银行存款支付广告费 5 000 元,增值税进项税额为 300 元。

(8) 20 日,向华兴公司销售余料,售价 20 000 元,增值税销项税额 2 600 元,货款尚未收到。

(9) 21 日,以银行存款支付当月水电费 4 000 元,其中车间水电费 3 000 元,行政管理部门水电费 1 000 元,增值税进项税额为 520 元。

(10) 22 日,采购员王明出差归来,报销差旅费 6 800 元,余款 3 200 元退回。

要求:根据以上经济业务编制相应的会计分录。

第五章　会　计　凭　证

第一部分　知识点回顾

一、会计凭证概述

(一) 会计凭证的概念

会计凭证简称凭证,是记录经济业务的发生和完成情况,明确经济责任的书面证明,也是登记账簿的依据。

(二) 会计凭证的种类

会计凭证按其填制程序和用途不同可以分为原始凭证和记账凭证两大类。

二、原始凭证

1. 原始凭证的概念

原始凭证又称单据,是在经济业务发生或完成时取得或填制的,用以记录经济业务的发生或完成情况的书面证明文件。

2. 原始凭证的种类

原始凭证可以按其来源、填制方法和格式进行分类,具体如表 5-1 所示。

表 5-1　　　　　　　　　　原始凭证的种类

分类依据	种类	举例
取得来源	自制原始凭证(单位自制)	工资费用分配表、领料单、发料凭证汇总表、产品入库单、借款单等
	外来原始凭证(外部流入)	购买原材料取得的增值税专用发票、职工出差报销的飞机票、火车票等

(续表)

分类依据	种类	举例
格式	通用凭证(统一印制)	某省(市)印制的在该省(市)通用的发票、收据等,如由国家税务总局统一印制的全国通用的增值税专用发票等
	专用凭证(仅供本单位用)	领料单、差旅费报销单、折旧计算表、工资费用分配表等
填制手续和内容	一次凭证(一次完成)	收据、收料单、发货票、银行结算凭证等
	累计凭证(多次记录)	限额领料单
	汇总凭证(合并同类业务)	发料凭证汇总表、工资结算汇总表、差旅费报销单

【易错易混点】凡是不能证明经济业务已经完成的文件或单据均不能算作原始凭证,不能作为会计核算的依据,例如经济合同、材料请购单、生产通知单、银行存款余额调节表、银行对账单等。

3. 原始凭证的基本内容

各种原始凭证都必须具备一些相同的内容,这些内容称为原始凭证的基本要素。按照我国《会计基础工作规范》的规定,原始凭证都必须具备以下基本内容:①凭证的名称;②填制凭证的日期;③填制凭证单位名称或者填制人姓名;④经办人员的签名或者盖章;⑤接受凭证单位名称;⑥经济业务内容;⑦数量、单价和金额。

4. 原始凭证的填制要求

原始凭证的种类不同,其填制要求也不尽相同,但就原始凭证反映的经济业务和应明确的经济责任而言,原始凭证填制的一般要求是相同的。具体内容如表5-2所示。

表5-2　　　　　　　　　　原始凭证填制的要求

填制要求	具体内容
记录要真实	原始凭证上所填列的经济业务内容和数字必须真实可靠,即符合国家有关政策、法令、法规和制度的要求,符合有关经济业务的实际情况,不得弄虚作假,更不得伪造凭证
内容要完整	原始凭证所要求的填写项目必须逐项填写齐全,不得遗漏和省略;必须符合手续完备的要求,经办业务的有关部门和人员要认真审核,签名盖章
手续要完备	从外单位取得的原始凭证,必须盖有填制单位的公章;对外开出的原始凭证,必须加盖本单位的公章;从个人取得的原始凭证,必须有填制人员的签名或者盖章;单位自制的原始凭证,必须有经办单位的领导人或者其他指定的人员签名或者盖章

(续表)

填制要求	具体内容
书写要清楚、规范	原始凭证要按规定填写，文字要简洁，字迹要清楚，易于辨认，不得使用未经国务院公布的简化汉字。大小写金额必须相符且填写规范，小写金额用阿拉伯数字逐个书写，不得写连笔字，在阿拉伯数字金额前要填写人民币符号"￥"，人民币符号"￥"与阿拉伯数字之间不得留有空白。金额一律填写到角、分，无角、分的，写"00"或符号"—"，有角无分的，分位写"0"，不得用符号"—"代替；大写金额用汉字壹、贰、叁、肆、伍、陆、柒、捌、玖、拾、佰、仟、万、亿、元、角、分、零、整(正)等，一律用正楷或者行书字书写，大写金额前未印有"人民币(大写)"字样的，应加写"人民币(大写)"字样，"人民币"字样与大写金额之间不得留有空白，大写金额到元或角为止的，后面要写"整"或"正"字，大写金额数字到分的，其后不写"整"或"正"字
编号要连续	各种凭证都必须连续编号，以备查核。如果原始凭证已预先印好编号，在写坏作废时，应加盖"作废"戳记，妥善保管，不得撕毁。一式多联的发票和收据，必须用双面复写纸套写，并连续编号。作废时，应加盖"作废"戳记，连同存根一起保存，不得撕毁
不得涂改、刮擦、挖补	原始凭证记载的各项内容均不得涂改、刮擦、挖补，否则即为无效凭证。原始凭证有错误时，应当由出具单位重开或更正，并在更正处加盖出具单位印章。原始凭证金额有错误的，应当由出具单位重开，不得在原始凭证上更正
填制要及时	各种原始凭证要及时填写，并按规定的程序及时送交会计机构、会计人员进行审核

5. 原始凭证的审核

原始凭证审核的具体内容如表5-3所示。

表5-3　　　　　　　　　　原始凭证的审核

审核项目	具体内容
真实性	审核原始凭证日期是否真实、业务内容是否真实、数据是否真实等内容的审查。对于外来原始凭证，必须有填制单位公章和填制人员签章；对于自制原始凭证，必须有经办部门和经办人员的签名或盖章。此外，对于通用原始凭证，还应审核凭证本身的真实性，防止以假冒的原始凭证记账
完整性	审核原始凭证的各项基本要素是否齐全，是否有漏项情况，日期是否完整，数字是否清晰，文字是否工整，有关人员签章是否齐全，凭证联次是否正确等
合法性	审核原始凭证所记录的经济业务是否有违反国家法律、法规，是否符合规定的审核权限，是否履行了规定的凭证传递手续和审查程序，是否有贪污腐化等行为
合理性	审核原始凭证所记录的经济业务是否符合企业生产经营活动的需要，是否符合有关的计划和预算等
正确性	审核原始凭证的各项计算及其相关部分是否正确，包括：阿拉伯数字分开填写，不得连写；小写金额前要标明货币币种符号或货币名称缩写，中间不能留有空位，金额要标至"分"，无"角""分"的，要以"0"补位；金额大写部分要正确，大写金额前要加货币名称，大写金额与小写金额要相符；凭证中有书写错误的，应采用正确的方法更正，不能采用涂改、刮擦、挖补等不正确方法
及时性	审查凭证的填制日期，尤其是银行汇票、银行本票等时效性较强的原始凭证，更应仔细验证其签发日期

【提示】从外单位取得的原始凭证遗失时,应取得原签发单位盖有公章的证明,并注明原始凭证的号码、金额、内容等,由经办单位会计机构负责人、会计主管人员和单位负责人批准后,才能代作原始凭证。若确实无法取得证明的,如车票丢失,则应由当事人写明详细情况,由经办单位会计机构负责人、会计主管人员和单位负责人批准后,代作原始凭证。

三、记账凭证

1. 记账凭证的概念

记账凭证又称记账凭单,是会计人员根据审核无误的原始凭证按照经济业务事项的内容加以归类、整理,并据以确定会计分录后所填制的会计凭证,是登记账簿的直接依据。

2. 记账凭证的种类

记账凭证可以按用途和填制方式进行分类,具体分类如表 5-4 所示。

表 5-4　　　　　　　　　　　　记账凭证的种类

分类依据	种类	含义
用途	通用记账凭证	反映所有的经济业务的记账凭证,为各类经济业务所共同使用
	专用记账凭证	专门用来记录某一特定种类经济业务的记账凭证
填制格式	复式记账凭证	将每一笔经济业务事项所涉及的全部会计科目及其发生额均在同一张记账凭证中反映的一种凭证
	单式记账凭证	每一张记账凭证只填列经济业务事项所涉及的一个会计科目及其金额的记账凭证

专用记账凭证按其所记录的经济业务是否与货币资金收付有关,可以分为收款凭证、付款凭证和转账凭证三种。具体内容如表 5-5 所示。

表 5-5　　　　　　　　　　　　专用记账凭证的种类

类别	含义	填制依据	用途
收款凭证	专门用于记录库存现金和银行存款收款业务的记账凭证	根据有关库存现金和银行存款收入业务的原始凭证编制的	登记库存现金日记账、银行存款日记账以及有关总账和明细账等账簿的依据,也是出纳人员收讫款项的依据
付款凭证	专门用于记录库存现金和银行存款付款业务的记账凭证	根据有关库存现金和银行存款支付业务的原始凭证填制的	登记库存现金日记账、银行存款日记账以及有关总账和明细账等账簿的依据,也是出纳人员支付款项的依据
转账凭证	专门用于记录不涉及库存现金和银行存款业务的记账凭证	根据不涉及库存现金和银行存款收付的有关转账业务的原始凭证填制的	登记有关总账和明细账等账簿的依据

3. 记账凭证的基本内容

记账凭证必须具备以下基本内容：①填制凭证的日期；②凭证的编号；③经济业务的摘要；④会计科目；⑤金额；⑥所附原始凭证张数；⑦填制凭证人员、稽核人员、记账人员、会计机构负责人（会计主管人员）签名或者盖章。

4. 记账凭证填制的基本要求

记账凭证填制的正确与否，直接关系到账簿记录的真实性和正确性。会计人员填制记账凭证时要严格按照规定的格式和内容进行，除了必须做到记录真实、内容完整、填制及时、书写清楚外，还必须符合相关基本要求。具体内容如表5-6所示。

表5-6 记账凭证的填制要求

填制基本要求	具体内容
以审核无误的原始凭证为依据	填制记账凭证必须以审核无误的原始凭证为依据。记账凭证可以根据每一张原始凭证填制，或者根据若干张同类原始凭证汇总填制，也可以根据原始凭证汇总表填制。但不同内容和类别的原始凭证不能汇总列在一张记账凭证上
正确填写记账凭证的日期	记账凭证的日期一般为编制记账凭证当天的日期；按权责发生制原则计算收益、分配费用、结转成本利润等调整分录和结账分录的记账凭证应填写当月月末的日期
恰当填写"摘要"栏	摘要的填写应与原始凭证内容一致，能正确反映经济业务的主要内容，表达简洁精练，语句通顺。应能使阅读的人通过摘要就可以了解到该项经济业务的性质、特征，判断出会计分录的正确与否，不必再去翻阅原始凭证或者询问有关人员
正确确定会计分录	按现行会计制度的规定和借贷记账法的记账规则正确确定会计分录，不得任意变更会计科目的名称和核算内容。会计科目应填写全称，不得简写或只写编号而不写名称，要写明必要的明细科目
金额栏填写要规范	记账凭证的金额必须与原始凭证的金额相等；金额的登记方向、大小写数字必须正确，符合数字书写规定。在填写金额数字时，阿拉伯数字书写要规范，应平行对准借贷栏次和科目栏次，防止错栏串行；金额的数字要填写到分位，如果角、分位没有数字要写"00"字样，如果角位有数字，分位没有数字，则要在分位上写"0"字样，角、分位与元位的位置应在同一水平线上，不得上下错开；每笔经济业务填入金额数字后，要在记账凭证的合计行填写合计金额，一笔经济业务因涉及会计科目较多时在一张记账凭证上填写多行或填写多张记账凭证的，一般在每张记账凭证的合计行填写合计金额，并应在合计数前面填写货币符号"￥"，不是合计数，则不填写货币符号
必须连续编号，以便查考	记账凭证可以由主管该项业务的会计人员，按业务发生顺序并按不同种类的记账凭证采用"字号编号法"连续编号。如果一笔经济业务需要填制两张以上（含两张）记账凭证的，可以采用"分数编号法"编号。如第3笔经济业务需要填制三张记账凭证的，则填制的记账凭证编号为 $3\frac{1}{3}$、$3\frac{2}{3}$、$3\frac{3}{3}$
应按行次逐项填写	记账凭证应按行次逐项填写，不得跳行或留有空行，对记账凭证中的空行，应从金额栏最后一笔金额数字下的空行处至合计数上一行的空行处划斜线或"S"形线注销，要注意斜线两端都不能划到金额数字的行次上

(续表)

填制基本要求	具体内容
注明所附原始凭证张数	除结账和更正错误,记账凭证必须附有原始凭证,并注明所附原始凭证的张数
相关人员要在记账凭证上签名或盖章	记账凭证填制完成后,需要由有关会计人员签名或盖章,以便加强凭证的管理,分清会计人员之间的经济责任,使会计工作岗位之间相互制约、互相监督
正确处理填错的记账凭证	如果在填制记账凭证时发生差错,应当重新填制。已经登记入账的记账凭证,当月结账后在当年内发现填写错误时,应当采用正确的更正方法进行更正

5. 记账凭证填制的特殊要求

记账凭证填制的特殊要求,主要是对专用记账凭证的填制,具体要求如表5-7所示。

表5-7　　　　　　　　　专用记账凭证填制的具体要求

凭证种类	填制要求
收款凭证	左上角的"借方科目"按收款的性质填写"库存现金"或"银行存款"
付款凭证	左上角的"贷方科目"按付款的性质填写"库存现金"或"银行存款"
转账凭证	"总账科目"和"明细科目"栏应填写应借、应贷的总账科目和明细科目,不涉及库存现金或银行存款科目

【易错易混点1】对于涉及"库存现金"和"银行存款"之间相互划转的经济业务,为避免重复记账,一般只编制付款凭证,不编制收款凭证。例如将现金存入银行或从银行提取现金,为了避免重复记账,一般只编制库存现金付款凭证或银行存款付款凭证,不编制银行存款收款凭证或库存现金收款凭证。

【易错易混点2】出纳人员在办理收款或付款业务后,应在原始凭证上加盖"收讫"或"付讫"的戳记,以免重收重付。

6. 记账凭证的审核

记账凭证是登记账簿的依据,为了保证账簿记录的正确性,记账凭证填制完毕必须进行审核。记账凭证审核的具体内容,如表5-8所示。

表5-8　　　　　　　　　　　记账凭证的审核

审核项目	具体内容
内容是否真实	审核记账凭证是否附有原始凭证;记账凭证所记录的经济业务内容和金额是否与所附原始凭证的经济业务内容和金额相一致;记账凭证汇总表的内容与其所依据的记账凭证的内容是否一致等
科目是否正确	审核记账凭证中所填列的应借、应贷会计科目是否正确,账户的对应关系是否清晰,所使用的会计科目是否符合会计制度的规定等

(续表)

审核项目	具体内容
金额是否准确	审核记账凭证所记录的金额与原始凭证的有关金额是否一致、计算是否准确;记账凭证汇总表的金额与记账凭证的金额合计是否相符等
项目是否齐全	审核记账凭证各项目的填写是否齐全,有关人员是否都已签章等
书写是否正确	审核记账凭证中的记录文字是否工整、数字是否清晰,是否按规定进行更正等

四、会计凭证的传递和保管

会计凭证的传递是指从会计凭证的取得或填制时起至归档保管过程中,在单位内部有关部门和人员之间的传送程序。

会计凭证的保管是指会计凭证记账后的整理、装订、归档和存查工作。会计凭证作为记账的依据,是重要的会计档案和经济资料。本单位以及其他有关单位,可能因为各种需要查阅会计凭证,特别是发生贪污、盗窃、违法乱纪行为时,会计凭证还是依法处理的有效证据。因此,任何单位在完成经济业务手续和记账后,必须将会计凭证按规定的立卷归档制度形成会计档案资料,妥善保管,防止丢失,不得任意销毁,以便日后随时查阅。

第二部分 单元自测

一、单项选择题

1. 下列各项中不属于原始凭证的是( )。
   A. 销货发票　　　　　　　　　B. 借据
   C. 固定资产卡片　　　　　　　D. 运费结算凭证
2. 下列做法中,符合原始凭证填制基本要求的是( )。
   A. 自制原始凭证无须经办人签名或盖章
   B. 外来原始凭证金额错误,可在原始凭证上更正但需签名或盖章
   C. 凡是原始凭证上的金额错误,都可以采用"划线更正法"予以更正
   D. 销售商品1 000.84元,销货发票大写金额为:壹仟元零捌角肆分
3. 会计人员在审核原始凭证过程中,对于不真实、不合法的原始凭证,有权( )。
   A. 不予接受,并向单位负责人报告　　B. 予以纠正
   C. 予以受理　　　　　　　　　　　　D. 予以退回,要求更正、补充
4. 下列关于原始凭证书写的表述中,错误的是( )。

A. 大写金额到元或角或分为止的,后面要写"整"或"正"字
B. 填制原始凭证时,不得使用未经国务院公布的简化汉字
C. 汉字大写金额一律用正楷或行书字体书写
D. 人民币符号和阿拉伯数字之间不得留有空白

5. 下列不属于原始凭证审核要求的是( )。
   A. 真实性　　　　　　　　　　　B. 合法性
   C. 正确性　　　　　　　　　　　D. 一致性

6. "工资结算汇总表"属于( )。
   A. 转账凭证　　　　　　　　　　B. 一次凭证
   C. 累计凭证　　　　　　　　　　D. 汇总凭证

7. 购买材料的发票按其来源分,属于( )。
   A. 自制原始凭证　　　　　　　　B. 外来原始凭证
   C. 一次凭证　　　　　　　　　　D. 累计凭证

8. 下列不能作为会计核算依据的是( )。
   A. 发货票　　　　　　　　　　　B. 生产计划
   C. 入库单　　　　　　　　　　　D. 领料单

9. 下列不可以作为记账原始依据的是( )。
   A. 发货单　　　　　　　　　　　B. 银行存款余额调节表
   C. 收料单　　　　　　　　　　　D. 差旅费报销单

10. 采购员报销差旅费950元并交回余款现金50元,应编制的记账凭证是( )。
    A. 收款凭证和转账凭证各一张　　B. 收款凭证和付款凭证各一张
    C. 两张付款凭证　　　　　　　　D. 付款凭证和转账凭证各一张

11. 下列关于会计凭证的装订和保管的表述中,不正确的是( )。
    A. 会计凭证必须按照归档制度,妥善整理和保管,形成会计档案,便于随时查阅
    B. 对检查无误的会计凭证,要按顺序号排列,折叠整齐装订成册,并加具封面
    C. 如果某些记账凭证的原始凭证数量过多,也可以单独装订保管,但应在其封面及有关记账凭证上加注说明
    D. 合同、契约、押金收据等重要原始凭证,必须装订成册,不得单独保管,以防散失

12. 会计人员对原始凭证审核后的处理不正确的是( )。
    A. 对于审核符合要求的原始凭证,应及时据以编制记账凭证登记入账
    B. 对于真实、合法、合理的原始凭证,但内容不够完整或填写不准确的,应拒绝接受,并向单位领导报告
    C. 对于不真实、不合法的原始凭证,应拒绝接受,并向单位负责人报告
    D. 对于真实、合法、合理的原始凭证,但内容不够完整或填写不准确的,应退回补充和更正

13. 从银行提取现金,应编制( )。

A. 现金收款凭证 B. 银行存款收款凭证
C. 银行存款付款凭证 D. 现金付款凭证

14. 自制原始凭证与外来原始凭证的法律效力相比(　　)。
    A. 具有同等效力 B. 具有不同等效力
    C. 自制原始凭证有更大的效力 D. 外来原始凭证有更大的效力

15. 华达公司于2023年10月12日开出一张现金支票,对出票日期正确的填写方法是(　　)。
    A. 贰零贰叁年壹拾月拾贰日
    B. 贰零贰叁年零壹拾月壹拾贰日
    C. 贰零贰叁年拾月壹拾贰日
    D. 贰零贰叁年零拾月壹拾贰日

16. 某企业采用专用记账凭证格式,行政管理部门王某前来报销差旅费2 600元(原预借2 000元),财务科补足其现金。会计人员应当填制的记账凭证是(　　)。
    A. 只填制现金收款凭证
    B. 只填制转账凭证
    C. 除填制现金收款凭证外还要填制转账凭证
    D. 除填制现金付款凭证外还要填制转账凭证

17. 企业因销售商品收到客户转账支票一张,金额为100万元,存入银行。该企业编制收款凭证时,左上角的会计科目应为(　　)。
    A. 应收账款 B. 银行存款
    C. 主营业务收入 D. 库存商品

18. 甲公司购进原材料50 000元,开出一张转账支票交付销售方。甲公司应编制的记账凭证是(　　)。
    A. 收款凭证 B. 付款凭证
    C. 转账凭证 D. 销售发票

19. 下列项目中,不属于原始凭证基本要素的是(　　)。
    A. 应记会计科目名称和记账方向
    B. 接受凭证单位的全称
    C. 经办人员签名或盖章
    D. 交易或事项的内容、数量、单价和金额

20. 会计凭证的传递,是指(　　),在单位内部有关部门及人员之间的传递程序。
    A. 会计凭证的填制到登记账簿止
    B. 会计凭证的取得或填制时起到归档保管过程中
    C. 会计凭证审核后到归档止
    D. 会计凭证的填制或取得到汇总登记账簿止

21. 下列选项中不能作为编制记账凭证依据的是(　　)。

A. 收货单 B. 发票
C. 发货单 D. 购销合同

22. 企业销售货物收到货款 9 000 元存入银行,这笔经济业务应编制的记账凭证是( )。
    A. 收款凭证 B. 付款凭证
    C. 转账凭证 D. 以上均可

23. 会计人员在审核原始凭证过程中,对于真实、合法、合理但内容不够完整.填写有错误的原始凭证,应( )。
    A. 扣留原始凭证
    B. 向上级汇报
    C. 拒绝接受
    D. 退回给相关经办人员,由其负责将有关凭证补充完整、更正错误或重开后,再办理正式会计手续

24. 用现金支票支付前欠货款,应填制( )。
    A. 银行存款收款凭证 B. 银行存款付款凭证
    C. 现金收款凭证 D. 现金付款凭证

25. 原始凭证金额有错误的,应当( )。
    A. 在原始凭证上更正
    B. 由出具单位更正并加盖公章
    C. 由经办人更正
    D. 由出具单位重开,不得在原始凭证上更正

二、多项选择题

1. 编制记账凭证的依据有( )。
   A. 原始凭证 B. 汇总原始凭证
   C. 收款凭证 D. 付款凭证

2. 填制原始凭证时,下列各项符合书写要求的有( )。
   A. 阿拉伯金额数字前面应当书写货币币种符号
   B. 币种符号与阿拉伯金额数字之间不得留有空白
   C. 大写金额有分的,分字后面要写"整"或"正"字
   D. 汉字大写金额可以用简化字代替

3. 记账凭证按其反映的经济业务内容不同,通常分为( )。
   A. 收款凭证 B. 付款凭证
   C. 转账凭证 D. 原始凭证

4. 下列有关记账凭证填制要求的说法中,正确的有( )。
   A. 凭证应由主管该项目的会计人员,按业务发生顺序并按不同种类的记账凭证连续编号。如果一笔经济业务,需要填列多张记账凭证,可采用"分数编号法"

B. 反映收付款业务的会计凭证可以由出纳编号

C. 记账凭证可以根据每一张原始凭证填制

D. 记账凭证可以根据若干张同类原始凭证汇总编制,也可以根据原始凭证汇总表填制

5. 在每一张记账凭证上都必须签名或盖章的会计人员有(　　)。
   A. 制证人员　　　　　　　　　　B. 记账人员
   C. 会计主管　　　　　　　　　　D. 出纳人员

6. 填制原始凭证的要求包括(　　)。
   A. 记录真实、内容完整　　　　　B. 填制及时、书写清楚
   C. 手续完备、编号连续　　　　　D. 不得涂改、刮擦、挖补

7. 涉及现金与银行存款之间收付款业务时,习惯上应编制的记账凭证为(　　)。
   A. 现金收款凭证　　　　　　　　B. 现金付款凭证
   C. 银行存款收款凭证　　　　　　D. 银行存款付款凭证

8. 下列对原始凭证的处理中,正确的有(　　)。
   A. 对于审核通过的原始凭证,要及时编制记账凭证
   B. 对于有错误的原始凭证,应退回给经办人员
   C. 退回的原始凭证要由经办人负责将有关凭证补充完整、更正错误或重开后,再办理相关正式会计手续
   D. 对于不真实、不合法的原始凭证,会计机构和会计人员有权不予接受并向单位负责人报告

9. 记账凭证按填列方式可分为(　　)。
   A. 专用记账凭证　　　　　　　　B. 单式记账凭证
   C. 通用记账凭证　　　　　　　　D. 复式记账凭证

10. 下列关于原始凭证填制的说法中,正确的有(　　)。
    A. 不得以虚假的交易或事项为依据填制原始凭证
    B. 购买实物的原始凭证,必须有验收证明
    C. 原始凭证应在交易或事项发生或完成时及时填制
    D. 自制原始凭证必须有经办部门负责人或其指定的人员签名或盖章

11. 下列各项中,经审核无误后可作为编制记账凭证依据的有(　　)。
    A. 差旅费借款单　　　　　　　　B. 实存账存对比表
    C. 收料单　　　　　　　　　　　D. 银行存款余额调节表

12. 原始凭证按照填制手续及内容不同,可分为(　　)。
    A. 一次凭证　　　　　　　　　　B. 多次凭证
    C. 累计凭证　　　　　　　　　　D. 汇总凭证

13. 在采用专用记账凭证的情况下,银行存款日记账是由出纳员根据(　　),逐日逐笔序时登记的。

A. 银行存款收款凭证 B. 银行存款付款凭证
C. 现金收款凭证 D. 现金付款凭证

14. 按照规定,除( )的记账凭证可以不附原始凭证,其他记账凭证必须附有原始凭证。
    A. 提取现金 B. 结账
    C. 更正错账 D. 现金存入银行

15. "限额领料单"属于( )。
    A. 累计凭证 B. 记账凭证
    C. 汇总凭证 D. 自制原始凭证

16. 记账凭证的填制,除了必须做到记录真实,填制及时,书写清楚外,还必须符合下列( )的要求。
    A. 如有空行,应当在空行处划线注销
    B. 发生错误,应该按规定的方法更正
    C. 必须连续编号
    D. 除另有规定外,应该有附件并注明附件张数

17. 在借贷记账法下,付款凭证的贷方科目可能是( )。
    A. 盈余公积 B. 库存现金
    C. 应付账款 D. 银行存款

18. 确定会计凭证的传递流程应考虑的因素有( )。
    A. 内部机构的设置 B. 经济业务的特点
    C. 人员分工的需要 D. 内部管理的要求

19. 下列各项中,属于记账凭证审核内容的有( )。
    A. 金额是否正确 B. 项目是否齐全
    C. 科目是否正确 D. 书写是否正确

20. 下列关于会计凭证保管的说法中,正确的有( )。
    A. 出纳人员不得兼管会计档案
    B. 会计凭证保管期满前,任何单位和个人都不能任意销毁
    C. 会计凭证应定期装订成册,防止散失
    D. 原始凭证不得借出,如有特殊需要,经本单位会计机构负责人批准,可以提供复制,并办理登记手续

21. 下列经济业务中,应填制付款凭证的有( )。
    A. 将现金存入银行 B. 预付下年度报纸杂志费
    C. 赊购材料 D. 支付广告费用

22. 下列属于一次凭证的有( )。
    A. 出库单 B. 领料单
    C. 限额领料单 D. 发出材料汇总表

23. 下列属于通用原始凭证的有( )。
    A. 增值税专用发票   B. 差旅费报销单
    C. 商业汇票   D. 支票

24. 审核原始凭证的真实性包括( )。
    A. 凭证日期是否真实、数据是否真实
    B. 对通用原始凭证,还应审核凭证本身的真实性,防止以假冒的原始凭证记账
    C. 对外来原始凭证,必须有填制单位公章和填制人员签章
    D. 业务内容是否真实

25. 记账凭证审核的要求有( )等。
    A. 内容是否真实   B. 书写是否正确
    C. 科目是否正确   D. 金额是否正确

三、判断题

1. 收料单、领料单、工资费用分配表、折旧计算表都属于通用凭证。( )
2. 记账凭证可以根据每一张原始凭证编制,也可以根据同类原始凭证汇总编制或根据原始凭证汇总表编制。( )
3. 发料凭证汇总表是一种汇总记账凭证。( )
4. 会计凭证应定期装订成册,加具封面,归档保管。( )
5. 原始凭证小写金额￥1 008.50,大写金额应写成人民币"壹仟零捌元伍角"。( )
6. 对于库存现金和银行存款之间相互划转的收、付款业务,为避免重复记账,只填付款凭证不填收款凭证。( )
7. 外来原始凭证是由本单位的业务经办人填制,用以证明经济业务发生或完成情况的书面证明。( )
8. 出纳人员在办理收款或付款业务后,应在原始凭证上加盖"收讫"或"付讫"的戳记,以避免重收重付。( )
9. 会计凭证的传递是指从会计凭证的取得或填制起至归档保管过程中,在单位内部有关部门和人员之间的传送程序。( )
10. 原始凭证所要求填列的项目必须逐项填列齐全,不得遗漏和省略。原始凭证的日期要按照经济业务发生的实际日期填写。( )
11. 会计凭证按其取得的来源不同,可以分为原始凭证和记账凭证。( )
12. 填制会计凭证时,所有以"元"为单位的阿拉伯数字,除单价一律应填写到角、分;有角无分的,分位应当写"0"或用符号"—"代替。( )
13. 原始凭证金额有错误的,应当由出具单位更正并加盖出具单位印章。( )
14. 企业在与外单位发生的任何经济业务中,取得的各种书面证明都是原始凭证。( )
15. 只要涉及银行存款增加的经济业务,都应该编制银行存款收款凭证。( )
16. 企业的原始凭证如果其他单位有特殊原因确实需要使用时,可以提供原件。( )
17. 原始凭证在任何情况下都应附在记账凭证的后面。( )

18. 记账凭证在编制时发生错误,只要未登记账簿,就可以重新进行编制。　　（　　）
19. 为明确经济责任,记账凭证上应有单位负责人、会计主管、记账、审核、出纳、制单等有关人员签章。　　（　　）
20. 一张原始凭证所列支出需要几个单位共同负担的,应当将其他单位负担的部分用复印件提供给其他单位。　　（　　）
21. 记账凭证填制完成后,如有空行,应当自金额栏最后一笔金额数字下的空行处至合计数上一行的空行处划线注销。　　（　　）
22. 一次凭证是指一次填制完成的,可以记录多笔经济业务的原始凭证。一次凭证是一次有效的凭证,是在经济业务发生或者完成时,由经办人员填制的。　　（　　）
23. 如果原始凭证已预先印定编号,在写错作废时,应加盖"作废"戳记,妥善保管,不得撕毁。　　（　　）
24. 若发现从外单位取得的原始凭证遗失时,应取得原签发单位盖有公章的证明,并注明原始凭证的号码、金额、内容等,由经办单位会计机构负责人、会计主管人员批准后才能代做原始凭证。　　（　　）
25. 从银行提取现金,既可编制现金收款凭证,也可编制银行存款付款凭证。　　（　　）

第六章 会计账簿

第一部分 知识点回顾

一、会计账簿概述

(一) 会计账簿的概念

会计账簿简称账簿,是指由一定格式账页组成的,以经过审核的会计凭证为依据,全面、连续、系统地记录各项经济业务的簿籍。

(二) 会计账簿与账户的关系

账簿与账户的关系是形式和内容的关系。账簿是形式,账户是它的实质内容。

(三) 会计账簿的种类

1. 按用途分类

会计账簿按用途不同,可分为序时账簿、分类账簿和备查账簿,具体内容如表 6-1 所示。

表 6-1 会计账簿按用途分类

账簿种类	基本概念	适用举例
序时账簿	序时账簿又称日记账,是按照经济业务发生或完成时间的先后顺序逐日逐笔进行登记的账簿	普通日记账:会计分录簿 特种日记账:库存现金日记账和银行存款日记账
分类账簿	分类账簿简称分类账,是对全部经济业务事项进行分类登记的账簿。分类账簿按其所反映经济业务内容的详细程度不同,可分为总分类账簿和明细分类账簿	总分类账簿:原材料总分类账、应收账款总分类账等 明细分类账簿:原材料明细账、应收账款明细账等
备查账簿	备查账簿也称辅助账簿,是对某些在序时账簿和分类账簿等主要账簿中未能登记或登记不够详细的经济业务事项进行补充登记时使用的账簿	租入固定资产登记簿,委托加工材料登记簿,应收、应付票据登记簿等

2. 按账页格式分类

会计账簿按账页格式不同,可以分为两栏式账簿、三栏式账簿、多栏式账簿、数量金额式账簿,具体内容如表6-2所示。

表6-2　　　　　　　　　　　会计账簿按账页格式分类

账簿种类	基本概念	适用举例
两栏式账簿	两栏式账簿是指只有借方和贷方两个基本金额栏的账簿	普通日记账
三栏式账簿	三栏式账簿是指设有借方、贷方和余额三个基本栏目的账簿	各种日记账、总分类账以及资本、债权、债务明细账
多栏式账簿	多栏式账簿是指在账簿的两个金额栏目(借方和贷方)按需要分设若干专栏的账簿	借方多栏式账簿:成本、费用明细账 贷方多栏式账簿:收入明细账 借方贷方多栏式账簿:应交税费——应交增值税明细账
数量金额式账簿	数量金额式账簿是指在账簿的借方、贷方和余额三个栏目内,都分别设置数量、单价和金额三小栏,借以反映财产物资的实物数量和价值量的账簿	原材料、库存商品等存货明细账

3. 按外形特征分类

会计账簿按照外形特征不同,可分为订本式账簿、活页式账簿和卡片式账簿,具体内容如表6-3所示。

表6-3　　　　　　　　　　　会计账簿按外形特征分类

账簿种类	优点	缺点	适用举例
订本式账簿	能避免账页散失和抽换账页	不能准确地为各账户预留账页	总分类账、库存现金日记账和银行存款日记账
活页式账簿	记账时可以根据实际需要,随时将空白账页装入账簿,或抽去多余的账页,便于分工记账	如果管理不善,可能会造成账页散失或故意抽换账页	明细分类账
卡片式账簿	灵活方便,可以使记录的内容详细具体,可以跨年度使用而无需更换账页,也便于分类汇总和根据管理的需要转移卡片	账页容易散失和被抽换	一般只对固定资产的核算采用卡片账形式,也有少数企业在材料核算中使用材料卡片

二、会计账簿的基本内容与记账规则

(一) 会计账簿的基本内容

各种账簿记录的经济业务不同,账簿格式可以多种多样,但各种主要账簿都应具备以下基本内容,如表6-4所示。

表6-4　　　　　　　　　　　　会计账簿的基本内容

项目	具体内容
封面	主要用来标明账簿的名称、记账单位名称和会计年度
扉页	主要用来列明会计账簿的使用信息,如账簿启用与交接表、账户目录等
账页	是账簿用来记录经济业务的主要载体,包括账户的名称、日期栏、凭证种类和号数栏、摘要栏、金额栏以及总页次、分户页次等

(二) 各种账簿的格式与登记方法

1. 日记账的格式与登记方法

应用最广的日记账是库存现金日记账和银行存款日记账,其登记方法如表6-5所示。

表6-5　　　　　　　　　　　　日记账的格式与登记方法

账簿名称	登记方法	适用账簿类型
库存现金日记账	▲ 由出纳人员根据库存现金收款凭证、库存现金付款凭证以及银行存款付款凭证(如从银行提取现金),按照现金收、付款业务和银行存款付款业务发生时间的先后顺序逐日逐笔进行登记 ▲ 每日终了,结出收支合计和余额,与库存现金核对	无论采用三栏式还是多栏式账页,都必须使用订本账
银行存款日记账	▲ 银行存款日记账应按企业在银行开立的账户和币种分别设置,每个银行账户设置一本日记账 ▲ 由出纳人员根据银行存款收款凭证、银行存款付款凭证以及库存现金的付款凭证(如将现金送存银行),按照银行存款收、付款业务和库存现金付款业务发生时间的先后顺序逐日逐笔进行登记 ▲ 每日终了,结出存款余额	

2. 分类账的格式与登记方法

分类账簿按其所反映的经济业务内容的详细程度不同,可分为总分类账簿和明细分类账簿,其格式与登记方法如表6-6所示。

表6-6　　　　　　　　　　　　分类账的格式与登记方法

账簿种类	账簿格式		登记规则	
	按外形特征分	按账页格式分	登记依据	登记方法
总分类账	订本式	三栏式	▲ 记账凭证 ▲ 记账凭证汇总表(又称科目汇总表) ▲ 汇总记账凭证	▲ 可以逐笔登记,也可以定期汇总登记 ▲ 总分类账的登记方法,取决于所采用的账务处理程序(或称会计核算形式)

(续表)

账簿种类	账簿格式		登记规则	
	按外形特征分	按账页格式分	登记依据	登记方法
明细分类账	活页式 卡片式	▲三栏式 ▲多栏式 ▲数量金额式 ▲横线登记式	·记账凭证 ·原始凭证	可以逐笔登记,也可以定期汇总登记

3. 总分类账户与明细分类账户的平行登记

总分类账户和明细分类账户是对同一经济业务进行分层次核算而设置的。总分类账户提供总括指标,对所属明细分类账户起着统驭控制作用;明细分类账户提供某一类经济业务的详细指标,对所隶属的总分类账户起着补充和说明的作用。总分类账户和明细分类账户必须平行登记,具体内容如表6-7所示。

表6-7　　　　　　　　总分类账户与明细分类账户的平行登记

平行登记		内容
含义		平行登记是指对所发生的每项经济业务都要以会计凭证为依据,一方面记入有关总分类账户,另一方面记入有关总分类账户所属明细分类账户的方法
要点 (内容)	依据相同	登记总分类账户与其所属明细分类账户的原始依据是一致的
	期间相同	总分类账户与明细分类账户对同一笔经济业务的登记必须在同一会计期间完成
	方向相同	登记总分类账户和明细分类账户时,登记的方向是一致的,即在总分类账户中记入借方,在其所属明细分类账户中也应记入借方;在总分类账户中记入贷方,在其所属明细分类账户中也应记入贷方
	金额相同	对每项经济业务,记入总分类账户的金额与记入其所属明细分类账户的金额必须相等。如果同时涉及几个明细账户,记入总分类账户的金额与记入其所属的几个明细分类账户的金额之和必须相等
数量关系 (结果)		▲总分类账户期初余额＝所属明细分类账户期初余额合计 ▲总分类账户期末余额＝所属明细分类账户期末余额合计 ▲总分类账户本期借方发生额＝所属明细分类账户本期借方发生额合计 ▲总分类账户本期贷方发生额＝所属明细分类账户本期贷方发生额合计

三、对账和结账

(一) 对账

1. 对账的内容

所谓对账,就是核对账目,是指定期将各类账簿记录进行核对。对账一般可以分为账证核对、账账核对和账实核对。对账的具体内容如表6-8所示。

表 6-8　　　　　　　　　　　　　　　对账的内容

项目	具体内容		
账证核对	账证核对是指核对账簿记录与原始凭证、记账凭证的时间、凭证字号、内容、金额是否一致,记账方向是否相符,以做到账证相符		
账账核对	总分类账簿之间的核对	所有总分类账户本期借方发生额合计＝所有总分类账户本期贷方发生额合计	记账规则
		所有总分类账户借方余额合计＝所有总分类账户贷方余额合计	资产＝权益
	总分类账簿与所属明细分类账簿之间的核对	某总分类账户本期发生额＝其所属明细分类账户本期发生额合计	平行登记
		某总分类账户期末余额＝其所属明细分类账户期末余额合计	
		某总分类账户期初余额＝其所属明细分类账户期初余额合计	
	总分类账簿与序时账簿之间的核对	库存现金总账余额＝库存现金日记账余额	
		银行存款总账余额＝银行存款日记账余额	
	明细分类账簿之间的核对	会计部门的财产物资明细账余额＝财产物资保管、使用部门的财产物资明细账余额	
账实核对	▲ 库存现金日记账账面余额与库存现金实际库存数逐日核对是否相符 ▲ 银行存款日记账账面余额与银行对账单的余额是否相符 ▲ 财产物资明细账账面余额与财产物资的实有数额是否相符 ▲ 有关债权债务明细账账面余额与对方单位的账面记录是否相符		

【易错易混点 1】对账不包括账表核对。

【易错易混点 2】账实核对一般需要结合财产清查来进行。

2. 错账的查找方法

对账过程中,可能会发现记账过程中发生的各种各样的错误。错账查找的具体方法如表 6-9 所示。

表 6-9　　　　　　　　　　　　　　错账的查找方法

错账查找方法	含义	适用范围
差数法	差数法是根据错账差数直接查找的方法	借方漏记或贷方漏记
除 2 法	除 2 法是指以差数除以 2 来查找错账的方法	记错方向
除 9 法	除 9 法是指以差数除以 9 来查找错账的方法	数字写大;数字写小;邻数颠倒
尾数法	尾数法是指对于发生的差错只查找末位数,以提高查错效率的方法	借贷金额其他位数一致,而只有末位数出现差错

3. 错账更正方法

在会计数据的分类与记录过程中,由于种种原因,可能会发生各种各样的错误。一旦发生账簿记录错误,应该采用正确、规范的方法予以更正,不得涂改、刮擦或者用药水消除字迹,不得重新抄写。错账更正的具体方法如表 6-10 所示。

表 6-10　　　　　　　　　　　错账的更正方法

错账更正方法	更正操作	适用范围
划线更正法	▲会计人员可在错误的文字或数字上划一条红线,表示注销 ▲在红线的上方填写正确的文字或数字,并由记账人员在更正处盖章	在结账前,会计人员发现账簿记录有文字或数字错误,而记账凭证没有错误,即纯属记账时的文字或数字的笔误
红字更正法	▲完全红字冲销法。用红字填制一张与原记账凭证完全相同的记账凭证,在摘要栏内写明"注销×月×日×号凭证",并据以红字登记入账,以示注销原记账凭证,然后用蓝字填写一张正确的记账凭证,并据以蓝字登记入账	记账后发现记账凭证中应借、应贷会计科目或记账方向有错误,从而引起的记账错误
	▲部分红字冲销法。将多记的金额用红字编制一张与原错误记账凭证应借、应贷会计科目完全相同的记账凭证,在"摘要"栏内写明"冲销×月×日×号记账凭证多记金额",并据以红字登记入账	记账后,如果发现记账凭证和账簿记录中应借、应贷的会计科目没有错误,只是所记金额大于应记金额,从而引起的记账错误
补充登记法	按少记的金额用蓝字或黑字填制一张与原记账凭证应借应贷会计科目完全相同的记账凭证,在摘要栏内写明"补记×月×日×号凭证",以补充少记的金额,并据以蓝字登记入账	记账后,发现记账凭证中应借应贷的会计科目无误,只是所记金额小于应记金额,从而引起的记账错误

【总结】错账更正方法的适用情形总结,如表 6-11 所示。

表 6-11　　　　　　　　　　错账更正方法的适用情形

错账情形			更正方法
结账前,记账凭证正确,会计账簿错误			划线更正法
记账后,发现记账凭证错误导致会计账簿错误	会计科目错误		红字更正法
	会计科目正确 金额错误	多记	红字更正法
		少记	补充登记法

(二) 结账

结账,是指在会计期末将本期内发生的所有经济业务登记入账以后,计算出每个账户的本期发生额及期末余额,并将期末余额结转下期或转入新账以及划出结账标志的程序和方法。

结账的内容通常包括两个方面:一是结清各种损益类账户,并据以计算确定本期利润;二是结清各资产、负债和所有者权益类账户,分别结出本期发生额合计和余额。

四、会计账簿的更换与保管

会计账簿的更换通常在新会计年度建账时进行。总账、日记账和多数明细账应每年更换一次,对于变动小的部分明细账,如固定资产明细账或固定资产卡片账及备查账簿可以连续使用,不必每年更换。

年度终了,各种账户在结转下年、建立新账后,一般都要把旧账送交总账会计集中统一管理。会计账簿暂由本单位财务部门保管1年,期满之后,由财务会计部门编造清册移交本单位的档案部门保管。

第二部分 单元自测

一、单项选择题

1. 从银行提取现金业务,登记库存现金日记账时依据的是( )。
   A. 库存现金收款凭证　　　　　　B. 库存现金付款凭证
   C. 银行存款收款凭证　　　　　　D. 银行存款付款凭证

2. 下列各项中,不符合账簿登记要求的是( )。
   A. 根据红字冲账的记账凭证,用红字冲销错误记录
   B. 登记账簿一律使用蓝黑墨水或碳素墨水书写
   C. 日记账必须逐日结出余额
   D. 发现账簿记录错误采用刮擦、挖补的方式更正

3. 记账凭证中的会计科目错误导致账簿记录错误的,则只能使用( )更正。
   A. 还原更正法　　　　　　　　　B. 划线更正法
   C. 红字更正法　　　　　　　　　D. 补充登记法

4. 下列各项中,不能作为登记银行存款日记账的凭证是( )。
   A. 库存现金付款凭证　　　　　　B. 库存现金收款凭证
   C. 银行存款收款凭证　　　　　　D. 银行存款付款凭证

5. 下列做法中错误的是( )。
   A. 库存现金日记账采用三栏式账簿
   B. 产成品明细账采用数量金额式账簿
   C. 生产成本明细账采用三栏式账簿
   D. 制造费用明细账采用多栏式账簿

6. 下列各项中,属于数量金额式账簿的是( )。

A. 库存商品明细账 B. 短期借款明细账
C. 银行存款明细账 D. 制造费用明细账

7. 账簿按外形特征分类,不包括的是( )。
A. 订本账 B. 日记账
C. 活页账 D. 卡片账

8. 会计人员在结账前发现记账凭证填制无误,但登记入账时误将600元写成6 000元,对该项错账采用的更正方法应是( )。
A. 横线登记法 B. 补充登记法
C. 红字更正法 D. 划线更正法

9. 记账凭证上记账栏"√"记号表示( )。
A. 已经登记入账 B. 不需要登记入账
C. 此凭证作废 D. 此凭证编制正确

10. 下列情况中,可用补充登记法更正的是( )。
A. 记账凭证中的应记科目与金额正确,但登记入账时所记金额大于应记金额
B. 记账凭证中的应记科目与金额正确,但登记入账时所记金额小于应记金额
C. 记账凭证中的应记科目正确,但所记金额大于应记金额
D. 记账凭证中的应记科目正确,但所记金额小于应记金额

11. 下列关于银行存款日记账的表述中,正确的是( )。
A. 仅以银行存款付款凭证为记账依据
B. 应按企业在银行开立的账户和币种分别设置
C. 应按实际发生的经济业务定期汇总登记
D. 不得使用多栏式账页格式

12. 下列各项中,能采用划线更正法更正的是( )。
A. 记账凭证上会计科目或记账方向正确,所记金额小于应记金额,导致账簿记录错误
B. 记账凭证上会计科目或记账方向正确,所记金额大于应记金额,导致账簿记录错误
C. 记账凭证上会计科目或记账方向错误,导致账簿记录错误
D. 记账凭证正确,在记账时发生错误,导致账簿记录错误

13. 下列关于会计账簿的分类的说法中,正确的是( )。
A. 按照用途,会计账簿可以分为序时账簿和卡片式账簿
B. 按账页格式,主要分为三栏式账簿、多栏式账簿、数量金额式账簿
C. 固定资产卡片式账簿是按照用途划分的
D. 订本式账簿和活页式账簿划分依据不一致

14. 对"开出现金支票支付机器设备修理费51 000元"这项业务,若发生记账错误,下列做法中正确的是( )。

A. 若编记账凭证时无误,账簿记录中将51 000元误记为15 000元,应采用补充登记法予以更正

B. 若编记账凭证时将51 000元误记为510 000元,会计科目正确,且已登记入账,应采用划线更正法予以更正

C. 若编记账凭证时将贷方科目记为"库存现金",金额记为15 000元,且已登记入账,应采用补充登记法予以更正

D. 若编记账凭证时将借方科目记为"生产成本"且已登记入账,应采用红字更正法予以更正

15. 下列属于账证核对内容的是(   )。
    A. 会计账簿记录与记账凭证核对
    B. 总分类账簿与所属明细分类账簿核对
    C. 原始凭证与记账凭证核对
    D. 银行存款日记账与银行对账单核对

16. 下列对账工作中属于账实核对的是(   )。
    A. 企业银行存款日记账与银行对账单核对
    B. 总分类账与所属明细分类账核对
    C. 会计部门的财产物资明细账与财产物资保管部门的有关明细账核对
    D. 总分类账与日记账核对

17. 下列关于会计账簿的说法中,不正确的是(   )。
    A. 由一定格式的账页组成
    B. 以经过审核的原始凭证为依据,全面、系统、连续地记录各项经济业务
    C. 各单位应该按照国家统一的会计制度的规定和会计业务的需要设置会计账簿
    D. 设置和登记账簿是连接会计凭证与财务报表的中间环节

18. 按照明细分类账户分类登记经济业务事项的账簿是(   )。
    A. 总分类账   B. 明细分类账
    C. 普通日记账   D. 特种日记账

19. 下列关于登记总分类账的做法中,不正确的是(   )。
    A. 总分类账可以根据原始凭证逐笔登记
    B. 总分类账可以根据科目汇总表或汇总记账凭证登记
    C. 经济业务少的小型单位的总分类账,可以根据记账凭证逐笔登记
    D. 总分类账的登记方法因登记依据的不同而不同

20. 下列各项中,不属于"账账核对"的是(   )。
    A. 总分类账簿之间核对
    B. 总分类账簿与所属明细分类账簿之间核对
    C. 银行存款日记账账面余额与银行对账单余额定期核对
    D. 明细分类账簿之间核对

21. 下列各项中,出纳人员根据会计凭证登记现金日记账的做法正确的是( )。
    A. 将现金收款凭证汇总后再登记
    B. 根据现金收付款凭证金额相抵的差额登记
    C. 根据库存现金收付业务凭证逐笔、序时登记
    D. 将现金付款凭证汇总后再登记

22. 对某些在序时账簿和分类账簿中未能记载的经济事项进行补充登记的账簿是( )。
    A. 联合账簿
    B. 序时账簿
    C. 分类账簿
    D. 备查账簿

23. 下列做法中,不符合记账规则的是( )。
    A. 登账后在记账凭证中标注记账符号"√"
    B. 记账时发生跳行,在该空行处划线注销
    C. 结出每一账页的发生额合计和余额
    D. 使用圆珠笔记账

24. 结账时,应当划通栏双红线的是( )。
    A. 结出月末余额后
    B. 结出本季累计发生额后
    C. 结出当月发生额后
    D. 12月末结出全年累计发生额后

25. 甲公司"应收账款"总分类账户下设"X公司"和"Y公司"两个明细账户,"应收账款"总账余额为500 000元,"X公司"明细账户余额为300 000元,总账和所属明细账账户余额方向均一致,则"Y公司"明细账户的余额为( )元。
    A. 800 000
    B. 200 000
    C. 300 000
    D. 500 000

二、多项选择题

1. 下列符合登记账簿基本要求的有( )。
    A. 文字和数字的书写应占格距的1/3
    B. 不得使用圆珠笔书写
    C. 应连续登记,不得跳行、隔页
    D. 无余额的账户,在"借或贷"栏内写"平"字并在余额栏"元"位上用"0"表示

2. 库存现金日记账应根据( )逐日逐笔登记。
    A. 库存现金收款凭证
    B. 库存现金付款凭证
    C. 银行存款收款凭证
    D. 银行存款付款凭证

3. 错账更正的方法主要有( )。
    A. 涂改法
    B. 划线更正法
    C. 红字更正法
    D. 补充登记法

4. 收回某单位前欠货款5 500元存入银行,记账凭证误将贷"应收账款"5 500元记为贷"应付账款"5 500元,并已入账。该项错误正确的更正程序包括( )。

A. 用红字借记"银行存款"5 500元,贷记"应付账款"5 500元

B. 用蓝字借记"银行存款"5 500元,贷记"应收账款"5 500元

C. 用红字借记"应付账款"5 500元,贷记"应收账款"5 500元

D. 直接在账簿上划线更正

5. 明细分类账可以根据(　　)登记。

　　A. 记账凭证　　　　　　　　　　B. 原始凭证

　　C. 总分类账　　　　　　　　　　D. 原始凭证汇总表

6. 下列各项中,属于账实核对的有(　　)。

　　A. 会计部门各财产物资明细账余额与财产物资保管部门有关明细账账面余额进行核对

　　B. 库存现金日记账账面余额与现金实际库存数逐日核对是否相符

　　C. 各项债权债务明细账余额与对方单位债权债务账面记录核对

　　D. 银行存款日记账账面余额与银行存款对账单余额进行核对

7. 结账是一项将账簿记录定期结算清楚的账务工作。在一定时期结束,为了编制财务报表,需要进行结账,具体包括(　　)。

　　A. 月结　　　　　　　　　　　　B. 季结

　　C. 年结　　　　　　　　　　　　D. 半月结

8. 下列关于明细分类账的账页格式的表述中,正确的有(　　)。

　　A. 三栏式账页适用于进行金额核算的资本、债权、债务明细账

　　B. 多栏式账页适用于收入、成本、费用明细账

　　C. 多栏式账页是将属于同一个总分类账户的各个明细账户合并在一张账页上进行登记

　　D. 数量金额式账页适用于既要进行金额核算又要进行数量核算的存货明细账

9. 下列各项中,符合会计账簿登记要求的有(　　)。

　　A. 登记完毕后,在会计账簿上签名或盖章

　　B. 红墨水可在不设借贷等栏的多栏式账页中,登记减少数

　　C. 账簿记录发生错误,不得刮擦、挖补或用褪色药水更改字迹

　　D. 通常使用圆珠笔书写

10. 下列各项中,属于账证核对的有(　　)。

　　A. 日记账与收款凭证、付款凭证相核对

　　B. 总账与记账凭证相核对

　　C. 明细账与记账凭证或原始凭证相核对

　　D. 总分类账与明细分类账相核对

11. 下列各项中,适合采用多栏式账页进行明细分类核算的有(　　)。

　　A. 固定资产明细账　　　　　　　B. 管理费用明细账

　　C. 应付账款明细账　　　　　　　D. 制造费用明细账

12. 总账与明细账平行登记的要点包括( )。
    A. 记账人员相同
    B. 会计期间相同
    C. 记账方向相同
    D. 记账金额相同

13. 总分类账户与其所属的明细分类账户平行登记的结果,必然是( )。
    A. 总分类账户期初余额＝所属明细分类账户期初余额合计
    B. 总分类账户期末余额＝所属明细分类账户期末余额合计
    C. 总分类账户本期借方发生额＝所属明细分类账户本期借方发生额合计
    D. 总分类账户本期贷方发生额＝所属明细分类账户本期贷方发生额合计

14. 下列账簿中,应每年更换一次的有( )。
    A. 总账
    B. 日记账
    C. 多数明细账
    D. 备查账簿

15. 下列账簿中,通常采用三栏式账页格式的有( )。
    A. 现金日记账
    B. 银行存款日记账
    C. 总分类账
    D. 管理费用明细账

16. 下列账簿中,可以跨年度连续使用的有( )。
    A. 银行存款日记账
    B. 应付账款总分类账
    C. 固定资产卡片账
    D. 租入固定资产登记簿

17. 企业到银行提取现金5 000元,此项业务应登记( )。
    A. 库存现金日记账
    B. 银行存款日记账
    C. 库存现金总分类账
    D. 银行存款总分类账

18. 采用划线更正法进行错账更正的要点有( )。
    A. 在错误的文字或数字(单个数字)上划一条红线注销
    B. 在错误的文字或数字(整个数字)上划一条红线注销
    C. 在错误的文字或数字上划一条蓝线注销
    D. 更正人在划线处盖章

19. 对账的内容包括( )。
    A. 账证核对
    B. 账账核对
    C. 账实核对
    D. 账表核对

20. 下列账户的明细账账页格式一般应采用三栏式的有( )。
    A. 固定资产明细账
    B. 管理费用明细账
    C. 应付账款明细账
    D. 应收账款明细账

21. 下列各账户中,既要提供金额指标又要提供实物指标的明细分类账户有( )。
    A. 库存商品明细账
    B. 周转材料明细账
    C. 生产成本明细账
    D. 应收账款明细账

22. 可以使用红色墨水记账的情形包括( )。
    A. 按照红字冲账的记账凭证,冲销错误记录

B. 按照使用补充登记法更正的记账凭证,补充少记的金额

C. 在不设借贷等栏的多栏式账页中,登记减少数

D. 凡需要结出余额的账户,一律用红字结出余额

23. 下列应采用补充登记法更正的有( )。

   A. 将库存现金 1 000 元存入银行,在填制记账凭证时,误将金额填为 100 元,并已登记入账

   B. 将库存现金 1 000 元存入银行,在填制记账凭证时,误将金额填为 10 000 元,并已登记入账

   C. 购买办公用品 50 000 元,在填制记账凭证时,误将金额记为 5 000 元,并已登记入账

   D. 生产车间生产产品领用原材料 1 000 元,在填制记账凭证时,金额登记正确,但误将借贷方向记反,并已登记入账

24. 订本式账簿的主要优点有( )。

   A. 可以防止账页散失   B. 可以防止任意抽换账页
   C. 可以防止出现记账错误   D. 可以灵活安排分工记账

25. 下列有关总分类账户和明细分类账户的关系的说法中,正确的有( )。

   A. 总分类账户对明细分类账户具有统驭控制作用

   B. 明细分类账户对总分类账户具有补充说明作用

   C. 总分类账户与其所属明细分类账户在总金额上应当相等

   D. 总分类账户与明细分类账户所起的作用相同

三、判断题

1. 在结账前发现账簿记录有文字或数字错误,但记账凭证没有错误,会计人员应采用红字更正法进行更正处理。   (   )

2. 三栏式账簿是指采用借方、贷方、余额三个主要栏目的账簿。一般适用于总分类账、库存现金日记账、银行存款日记账以及所有的明细账。   (   )

3. 日记账是逐笔序时登记的,月末不必与总账进行核对。   (   )

4. 会计人员在记账过程中,除结账和更正错账可以不附原始凭证外,其他记账凭证必须附原始凭证。   (   )

5. 明细账既可以根据原始凭证或原始凭证汇总表登记,也可以根据记账凭证登记。
                                                                  (   )

6. 已经登记入账的记账凭证,在当年内发现会计科目、金额有误,可以用红字填制一张与原内容相同的记账凭证,在摘要栏注明冲销某月某日某号凭证字样,再用蓝字填制一张正确的凭证并登记入账。   (   )

7. 所有总账都应该设置明细账,进行明细分类核算。   (   )

8. "生产成本"账户月末如有余额,表示企业期末有在产品,因而该账户进行明细分类核算时既要提供实物指标又要提供金额指标,应选用数量金额式账页登记。(   )

9. 各单位在更换旧账簿、启用新账簿时,应当填制账簿启用表。　　　　　（　）
10. 在结账前,企业会计人员发现账簿记录有文字错误,而记账凭证没有错误,应当采用划线更正法予以更正。　　　　　　　　　　　　　　　　　　　（　）
11. 只要在结账前发现的账簿记录错误都可以采用划线更正法进行更正。　（　）
12. 由于总账与明细账的登记采用的是平行登记法,故登记的结果应当一致,不需要进行核对。　　　　　　　　　　　　　　　　　　　　　　　　　　　　（　）
13. 对于不需按月结计本期发生额的账户,每次记账后,都要随时结出余额,每月最后一笔余额记录下通栏划双红线。　　　　　　　　　　　　　　　　　　（　）
14. 账簿记录发生错误时,会计人员应采用涂改、刮擦、挖补的方式更改错误记录。
　　　　　　　　　　　　　　　　　　　　　　　　　　　　　　　　（　）
15. 账簿必须用蓝黑色墨水钢笔书写,不得使用圆珠笔或铅笔书写。　　　（　）
16. 订本式账簿是指在记完账后,把记过账的账页装订成册的账簿。　　　（　）
17. 按经济业务发生的时间先后顺序,逐日逐笔进行登记的账簿是明细分类账。（　）
18. 三栏式明细账适用于那些只需进行金额核算而不需要进行数量核算的明细分类账户。　　　　　　　　　　　　　　　　　　　　　　　　　　　　　　（　）
19. 更换新账时,应编制记账凭证,将上年期末余额结转到本年的年初余额。（　）
20. 库存现金日记账的借方是根据收款凭证登记的,贷方是根据付款凭证登记的。
　　　　　　　　　　　　　　　　　　　　　　　　　　　　　　　　（　）
21. 记账凭证可以作为登记账簿的直接依据,原始凭证则不能作为登记账簿的依据。
　　　　　　　　　　　　　　　　　　　　　　　　　　　　　　　　（　）
22. 会计账簿暂由本单位财务会计部门保管1年,期满之后,由财务会计部门编造清册移交本单位的档案部门保管。　　　　　　　　　　　　　　　　　　（　）
23. 序时账簿、分类账簿和备查账簿都必须根据记账凭证登记。　　　　　（　）
24. 在登记账簿时,没有余额的账户,应在"借或贷"栏内用"0"表示,并在"余额"栏内写上"平"字。　　　　　　　　　　　　　　　　　　　　　　　　　　（　）
25. 固定资产明细账不必每年更换,可以连续使用。　　　　　　　　　　（　）

四、实务题

1. 某企业"原材料"账户202×年10月份月初余额为58 900元,其中:甲材料1 265千克,单价20元,计25 300元;乙材料840千克,单价40元,计33 600元。应付账款总分类账户月初余额70 450元,其中:应付A公司42 850元,应付B公司27 600元。

　　10月份发生的原材料收发业务以及与销货单位的结算业务如下:
   (1) 4日,开出支票一张,支付所欠B公司供应材料的货款15 000。
   (2) 5日,向A公司采购乙材料500千克,单价20元,价款10 000元,增值税进项税额1 300元,款项尚未支付,材料已经验收入库。
   (3) 8日,向B公司采购甲材料200千克,单价40元,价款8 000元,增值税进项税额 1 040 元,款项尚未支付,材料已经验收入库。

(4) 10 日,领用甲材料 750 千克,单价 20 元,共计 15 000 元,用于 M 产品生产。

(5) 11 日,向 B 公司购买乙材料 250 千克,单价 40 元,价款 10 000 元,增值税进项税额 1 300 元,款项尚未支付,材料已经验收入库。

(6) 15 日,向 A 公司购买甲材料 250 千克,单价 20 元,价款 5 000 元,增值税进项税额 650 元,款项尚未支付,材料已验收入库。

(7) 20 日,领用乙材料 525 千克,单价 40 元,共计 21 000 元,其中 M 产品生产 19 000 元,用于企业管理 2 000 元。

(8) 31 日,开出转账支票一张,用银行存款 6 000 元支付上月所欠 A 公司供应材料货款。

要求:

(1) 根据本月发生的经济业务,编制相应的会计分录。

(2) 开设原材料、应付账款总分类账户及其各自所属的明细分类账户的"T"形账户(表 6-12),并进行平行登记。

(3) 编制明细分类账户本期发生额及余额表(表 6-13 和表 6-14)并与总分类账户相关栏目核对。

表 6-12　　　　　　　　　　"T"形账户

借方	原材料	贷方	借方	应付账款	贷方
		期初余额			期初余额
本期发生额合计	本期发生额合计		本期发生额合计	本期发生额合计	
		期末余额			期末余额

借方	原材料——甲材料	贷方	借方	应付账款——A 公司	贷方
期初余额					期初余额
本期发生额合计	本期发生额合计		本期发生额合计	本期发生额合计	
期末余额					期末余额

借方	原材料——乙材料	贷方	借方	应付账款——B 公司	贷方
期初余额					期初余额
本期发生额合计	本期发生额合计		本期发生额合计	本期发生额合计	
期末余额					期末余额

表6-13　　　　　　　原材料明细分类账本期发生额及余额表

材料名称	期初余额		本期发生额		期末余额	
	借方	贷方	借方	贷方	借方	贷方
甲材料						
乙材料						
合计						

表6-14　　　　　　　应付账款明细分类账本期发生额及余额表

供应商名称	期初余额		本期发生额		期末余额	
	借方	贷方	借方	贷方	借方	贷方
A公司						
B公司						
合计						

2. 202×年10月华安公司对账时发现下列记账错误(假定下列错误都在登账以后发现的)：

(1) 以现金300元支付车间零星修理费,编制以下会计分录：

借：制造费用　　　　　　　　　　　　　　　　　　　　　　　300

　　贷：库存现金　　　　　　　　　　　　　　　　　　　　　　　　300

登账时借方误记入"生产成本"账户。

(2) 以银行存款1 780元购买材料,并已验收入库,编制以下分录,并已登记入账。

借：原材料　　　　　　　　　　　　　　　　　　　　　　　1 870

　　贷：银行存款　　　　　　　　　　　　　　　　　　　　　　　1 870

(3) 本月生产产品领用材料38 400元,编制以下分录,并已登记入账。

借：生产成本　　　　　　　　　　　　　　　　　　　　　　34 800

　　贷：原材料　　　　　　　　　　　　　　　　　　　　　　　　34 800

(4) 本月应计提车间用固定资产折旧10 000元,编制以下分录,并已登记入账。

借：生产成本　　　　　　　　　　　　　　　　　　　　　　10 000

　　贷：累计折旧　　　　　　　　　　　　　　　　　　　　　　　10 000

(5) 以库存现金800元购买办公用品,编制以下会计分录：

借：管理费用　　　　　　　　　　　　　　　　　　　　　　　800

　　贷：库存现金　　　　　　　　　　　　　　　　　　　　　　　　800

登账时误记为890元。

要求：根据以上资料,按规定的错账更正方法进行更正。

第七章 财产清查

第一部分 知识点回顾

一、财产清查概述

财产清查是指通过对货币资金、实物资产和往来款项的盘点或核对,确定其实存数,查明账存数与实存数是否相符的一种专门方法。

(一)财产清查的分类

1. 按照清查的范围分类

财产清查按清查范围不同,可分为全面清查和局部清查,具体内容如表 7-1 所示。

表 7-1　　　　　　　　财产清查按清查范围分类

类别	含义	适用情况
全面清查	全面清查是对企业所有财产进行的清查和核对	▲ 年终决算前 ▲ 企业关停并转、改变隶属关系或中外合资、国内联营之前 ▲ 开展资产评估、清产核资时 ▲ 单位主要负责人调离工作岗位时等
局部清查	局部清查是根据需要对部分财产进行盘点和核对	▲ 对于库存现金,应由出纳人员于每日终了时进行清点核对 ▲ 对于银行存款,每月至少要同银行核对一次 ▲ 对于流动性较大的财产物资,如原材料、在产品、产成品等,应根据需要随时轮流盘点或重点抽查;对于贵重的财产物资,每月都要进行清查盘点 ▲ 对于债权、债务,每年至少同对方核对一至两次

2. 按照财产清查的时间分类

财产清查按清查时间不同,可分为定期清查和不定期清查,具体内容如表 7-2 所示。

表 7-2　　　　　　　　　　　　财产清查按清查时间分类

类别	含义	适用情况
定期清查	定期清查是按照预先计划安排的时间对财产进行的盘点和核对	一般在年末、季末、月末进行
不定期清查	不定期清查是事前不规定清查日期,而是根据特殊需要临时进行的盘点和核对	▲ 更换财产、库存现金保管人员时 ▲ 发生自然灾害和意外损失时 ▲ 上级主管、财政、审计和银行部门,对本单位进行会计清查时 ▲ 进行临时性清产核资时

3. 按照财产清查的执行单位分类

财产清查按清查的执行单位不同,可分为内部清查和外部清查,具体内容如表 7-3 所示。

表 7-3　　　　　　　　　　　　财产清查按清查的执行单位分类

类别	含义	适用情况
内部清查	内部清查是由本单位内部自行组织清查工作小组所进行的清查工作	大多数财产清查都是内部清查
外部清查	外部清查由上级主管部门、审计机关、司法部门、注册会计师等根据国家的有关规定或情况的需要所进行的清查	

(二) 财产物资的盘存制度

财产物资的盘存制度一般来说有两种:一是永续盘存制;二是实地盘存制。两种盘存制的比较如表 7-4 所示。

表 7-4　　　　　　　　　　　　财产盘存制度

财产盘存制度	永续盘存制 (账面盘存制)	实地盘存制 (定期盘存制、以存计销制)
定义	永续盘存制是对财产物资的增加数和减少数,都必须根据会计凭证,按其发生的顺序,逐笔、连续地在财产物资明细账中进行登记,并随时在账面上结出结存数额的一种盘存制度,亦称账面盘存制	实地盘存制是指平时在账簿中只登记财产物资的增加数,不登记减少数,期末根据实地盘点来确定财产物资的实存数,倒挤出本期财产物资的减少数,并据以入账的一种制度
计算公式	账面期末结存数额＝账面期初结存数额＋本期增加数额－本期减少数额	本期减少数额＝账面期初结存数额＋本期增加数额－期末实存数额
优点	会计核算手续比较严密,能够及时反映财产物资的收、发、存情况,有利于加强财产物资的管理和保护财产物资的安全完整	核算工作简单,不必逐笔登记存货减少的业务

(续表)

财产盘存制度	永续盘存制 （账面盘存制）	实地盘存制 （定期盘存制、以存计销制）
缺点	日常核算工作量比较大	▲ 不能通过账簿随时掌握存货的收、发、存的动态情况 ▲ 对于存货减少，核算手续不严密，不利于财产物资的日常管理
适用范围	实际工作中运用非常广泛	只有小型企业、经营鲜活商品的零售企业采用

二、财产清查方法

（一）库存现金的清查

库存现金清查的基本方法是实地盘点法。盘点时，为了明确经济责任，出纳人员必须在场，有关业务必须在库存现金日记账中全部登记完毕。盘点时，一方面要注意账实是否相符，另一方面还要检查现金管理制度的遵守情况。库存现金盘点结束后，根据盘点的结果及库存现金日记账核对的情况，应编制"库存现金盘点报告表"，由盘点人和出纳人员共同签章方能生效。

（二）银行存款的清查

银行存款清查的基本方法是对账单法。如果本单位的银行存款日记账与开户银行转来的对账单余额相符，通常说明没有错误；如果两者余额不符，则可能是企业和银行一方或双方记账错误或存在未达账项，未达账项的类型如表7-5所示。如果存在未达账项，应该填制"银行存款余额调节表"据以调节双方的账面余额，确定企业银行存款实有数。

表7-5　　　　　　　　　　未达账项的类型

未达账项的类型	企业银行存款日记账账面余额 与银行对账单余额的比较	调节方法
企业已收银行未收款项	企业银行存款日记账账面余额＞银行对账单余额	调增银行对账单余额
企业已付银行未付款项	企业银行存款日记账账面余额＜银行对账单余额	调减银行对账单余额
银行已收企业未收款项	企业银行存款日记账账面余额＜银行对账单余额	调增企业银行存款日记账余额
银行已付企业未付款项	企业银行存款日记账账面余额＞银行对账单余额	调减企业银行存款日记账余额

银行存款余额调节表的编制,其计算公式如下:

$$\begin{matrix} 企业银行存款 \\ 日记账余额 \end{matrix} + \begin{matrix} 银行已收 \\ 企业未收款项 \end{matrix} - \begin{matrix} 银行已付 \\ 企业未付款项 \end{matrix} = \begin{matrix} 银行对账单 \\ 存款余额 \end{matrix} + \begin{matrix} 企业已收 \\ 银行未收款项 \end{matrix} - \begin{matrix} 企业已付 \\ 银行未付款项 \end{matrix}$$

【易错易混点1】 经过银行存款余额调节表调节后,如果双方的余额相等,则表明双方记账基本正确,而这个相等的金额表示企业可动用的银行存款实有数;若不符,则表示本单位及开户银行的一方或双方存在记账错误,应进一步查明原因,采用正确的方法进行更正。

【易错易混点2】 企业不应该也不需要根据调节后的余额调整银行存款日记账的余额,银行存款余额调节表不能作为调整账面记录的原始依据(银行存款余额调节表不是原始凭证)。对于银行已入账而企业尚未入账的未达账项,企业应在收到有关结算凭证后再进行有关账务处理。

(三) 实物资产的清查

实物资产是指具有实物形态的各种财产,主要包括存货和固定资产等。实物资产的清查就是对实物资产的数量和质量进行的清查。常用的实物资产清查方法如表7-6所示。

表7-6　　　　　　　　　　实物资产清查的方法

清查方法	概念	适用范围
实地盘点法	通过点数、过磅、量尺等方式确定财产物资实存数量的一种方法	适用于大多数财产物资
技术推算法	利用技术方法(如量方、计尺等)测定财产物资实有数量的方法	主要适用于大量成堆、价廉笨重且不能逐项清点的物资,如露天堆放的煤、砂石、焦炭等

(四) 往来款项的清查

往来款项是指企业与其他单位、个人之间的各种应收应付款项、预收预付款项及其他应收、应付款项等。往来款项的清查一般采取函证核对法进行清查,即派人或以通信的方式与往来结算单位核实账目。

三、财产清查结果的账务处理

(一) 财产盘盈的账务处理

财产盘盈的账务处理如表7-7所示。

表 7-7　　　　　　　　　　　　财产盘盈的账务处理

财产种类	审批前	审批后
库存现金	借：库存现金 　贷：待处理财产损溢	借：待处理财产损溢 　贷：其他应付款　（需支付或退还他人的款项） 　　　营业外收入　（无法查明原因的长款）
原材料	借：原材料(按计划成本计价) 　贷：待处理财产损溢	借：待处理财产损溢 　贷：管理费用　　（自然溢余）
固定资产	借：固定资产(按重置成本计价) 　贷：以前年底损益调整	《中级财务会计》中学习

（二）财产盘亏的账务处理

财产盘亏的账务处理如表 7-8 所示。

表 7-8　　　　　　　　　　　　财产盘亏的账务处理

财产种类	审批前	审批后
库存现金	借：待处理财产损溢 　贷：库存现金	借：管理费用　　　　　（无法查明原因的短款） 　　其他应收款　　　（应由责任人或保险公司 　　　　　　　　　　赔偿的部分） 　贷：待处理财产损溢
原材料	借：待处理财产损溢 　贷：原材料	借：管理费用　　　　　（定额内损耗、日常计量收 　　　　　　　　　　发差错和管理不善等） 　　其他应收款　　　（应由保险公司或过失人 　　　　　　　　　　赔偿的金额） 　　营业外支出　　　（非正常损失的金额） 　　原材料　　　　　（入库的残料价值） 　贷：待处理财产损溢 　　　应交税费——应 　　　交增值税(进项 　　　税额转出)
固定资产	借：待处理财产损溢 　　累计折旧 　贷：固定资产	借：其他应收款　　　（应由保险公司或过失人 　　　　　　　　　　赔偿的金额） 　　营业外支出　　　（扣除赔偿后的净损失） 　贷：待处理财产损溢

【易错易混点】如果企业因管理不善造成存货被盗、丢失、霉烂变质,以及因违反法律法规造成存货被依法没收、销毁、拆除,其增值税不得从销项税额中抵扣,应记入"应交税费——应交增值税(进项税额转出)"账户的贷方。

第二部分 单元自测

一、单项选择题

1. 下列关于"银行存款余额调节表"的说法中,正确的是( )。
   A. 企业可根据"银行存款余额调节表"调整账簿记录
   B. "银行存款余额调节表"是重要的原始凭证
   C. "银行存款余额调节表"调节后的余额一般是企业可以动用的实际存款数
   D. "银行存款余额调节表"调节平衡后,说明企业与银行双方记账绝对无错误

2. 银行存款的清查方法,应采用( )。
   A. 实地盘点法　　　　　　　　　　B. 技术分析法
   C. 对账单法　　　　　　　　　　　D. 询证法

3. 库存现金清查时,在盘点结束后,应根据盘点结果,编制( )。
   A. 实存账存对比表　　　　　　　　B. 盘存单
   C. 库存现金盘点报告表　　　　　　D. 对账单

4. 202×年9月30日,某企业银行存款日记账账面余额为216万元,收到银行对账单的余额为212.3万元。经逐笔核对,该企业存在以下记账差错以及未达账项:从银行提取现金6.9万元,会计人员误记为9.6万元;银行为企业代付电话费6.4万元,但企业未接到银行付款通知,尚未入账。9月30日调节后的银行存款余额为( )万元。
   A. 212.3　　　　　　　　　　　　B. 225.1
   C. 205.9　　　　　　　　　　　　D. 218.7

5. 某企业在编制"银行存款余额调节表"时发现,本企业销售商品取得收入收到的转账支票,已登记银行存款增加,但银行尚未记账。下列各项中,关于该未达账项所属类型表述正确的是( )。
   A. 企业已收款入账银行未收款入账
   B. 企业已付款入账银行未付款入账
   C. 银行已收款入账企业未收款入账
   D. 银行已付款入账企业未付款入账

6. 采用实地盘存制,平时账簿记录中只反映( )。
   A. 财产物资的增加数额　　　　　　B. 财产物资的减少数额
   C. 财产物资的增加和减少数额　　　D. 财产物资的盘盈数额

7. 下列各项中,企业因遭受自然灾害需要对受损部分物资进行的财产清查所属种类是( )。
   A. 局部清查和不定期清查　　　　　B. 全面清查和定期清查

C. 全面清查和不定期清查　　　　　　　D. 局部清查和定期清查

8. 对于大量成堆、难以清点的财产物资,应采用的清查方法是(　　)。
   A. 实地盘点法　　　　　　　　　　　B. 抽样盘点法
   C. 技术推算法　　　　　　　　　　　D. 函证核对法

9. 甲公司202×年12月31日银行存款日记账的余额为5 400元,银行转来对账单的余额为3 500元。经逐笔核对,发现以下未达账项:
   ① 收到转账支票3 000元,企业已入账,但银行尚未记账。
   ② 开出转账支票1 500元,企业已入账,但持票单位尚未到银行办理转账。
   ③ 银行代企业支付电话费400元,银行已支付,但企业未收到银行付款通知。
   经调节后的银行存款日记账余额为(　　)元。
   A. 3 100　　　　　　　　　　　　　　B. 3 500
   C. 5 000　　　　　　　　　　　　　　D. 5 400

10. 企业在进行现金清查时,发现无法查明原因的现金短缺,报经管理权限批准后应计入(　　)。
    A. 管理费用　　　　　　　　　　　　B. 营业外支出
    C. 待处理财产损溢　　　　　　　　　D. 以前年度损益调整

11. 下列各项中,属于货币资金清查应注意的事项是(　　)。
    A. 库存现金盘点时应采用技术推算法
    B. 可由出纳和主管会计清点各种面值钞票的张数与硬币个数,并出具库存现金盘点报告表
    C. 在库存现金限额内允许出现白条抵库
    D. 库存现金盘点报告表不可以作为原始凭证

12. "待处理财产损溢"账户期末(　　)。
    A. 余额在借方　　　　　　　　　　　B. 余额在贷方
    C. 一般没有余额　　　　　　　　　　D. 余额可能在借方,也可能在贷方

13. 企业财产清查后,据以填制待处理财产盘盈、盘亏记账凭证的原始凭证是(　　)。
    A. 材料物资入库单　　　　　　　　　B. 盘存单
    C. 材料物资出库单　　　　　　　　　D. 实存账存对比表

14. 下列情形中,需要进行全面清查的是(　　)。
    A. 股份制改造前
    B. 月末的财产物资清查
    C. 每日终了,出纳人员的现金盘查
    D. 每年企业与债权人、债务人的核对

15. 产生未达账项的原因是(　　)。
    A. 双方结账的时间不一致　　　　　　B. 双方对账的时间不一致
    C. 双方记账错误　　　　　　　　　　D. 双方记账的时间不一致

16. 按照清查对象的范围,财产清查分为( )。
    A. 全面清查和局部清查   B. 定期清查和不定期清查
    C. 实物清查和现金清查   D. 银行存款清查和往来账项清查

17. 一般而言,单位撤销、合并时要进行( )。
    A. 定期清查   B. 全面清查
    C. 局部清查   D. 报送清查

18. 现金清查的方法是( )。
    A. 技术推算法   B. 实地盘点法
    C. 函证核对法   D. 与银行对账单核对

19. 对财产物资的收发都有严密的手续,且在账簿中有连续的记载,便于随时结出财产金额和数量的是( )。
    A. 实地盘存制   B. 权责发生制
    C. 永续盘存制   D. 收付实现制

20. 月末,企业可动用的银行存款数额是( )。
    A. 银行对账单上所列余额
    B. 银行存款日记账余额
    C. 月末银行存款余额调节表调节后的余额
    D. 银行对账单或银行存款日记账余额

21. 对于盘亏的固定资产,按规定程序报批后,应按盘亏固定资产的账面价值借记( )账户。
    A. "待处理财产损溢"   B. "营业外支出"
    C. "累计折旧"   D. "固定资产清理"

22. 出纳人员在每日终了时进行的清查工作属于( )。
    A. 全面清查和定期清查   B. 局部清查和不定期清查
    C. 全面清查和不定期清查   D. 局部清查和定期清查

23. 对存货进行清查的目的是( )。
    A. 检查账证是否相符   B. 检查账实是否相符
    C. 检查账账是否相符   D. 检查账表是否相符

24. 银行存款的清查是将( )进行核对。
    A. 银行存款日记账与银行存款总分类账
    B. 银行存款日记账和银行存款收、付款凭证
    C. 银行存款日记账和银行对账单
    D. 银行存款总分类账和银行存款收、付款凭证

25. 在记账正确无误的情况下,银行存款日记账与银行对账单两者余额不一致的原因是( )。
    A. 存在坏账损失   B. 记账方法不一致

C. 记账依据不一致 D. 存在未达账项

二、多项选择题

1. 下列关于"待处理财产损溢"账户的说法中，正确的有(　　)。
   A. 借方登记待处理财产物资盘亏净额
   B. 借方登记结转已批准处理财产物资盘盈数
   C. 贷方登记待处理财产物资盘盈数及结转已批准处理财产物资盘盈净额
   D. 期末余额在借方，表示待处理的盘盈或盘亏数

2. 对下列资产的清查，可采用实地盘点法的有(　　)。
   A. 库存现金 B. 银行存款
   C. 存货 D. 往来款项

3. 在财产清查结果的账务处理中，经批准记入"营业外支出"账户的盘亏损失有(　　)。
   A. 固定资产盘亏所发生的净损失 B. 自然灾害造成的流动资产净损失
   C. 盘亏的现金损失 D. 责任事故造成的流动资产损失

4. 编制银行存款余额调节表时，下列未达账项中，会导致企业银行存款日记账的账面余额小于银行对账单余额的有(　　)。
   A. 企业开出支票，银行尚未支付
   B. 企业送存支票，银行尚未入账
   C. 银行代收款项，企业尚未接到收款通知
   D. 银行代付款项，企业尚未接到付款通知

5. 下列情形中，应该对财产进行不定期清查的是(　　)。
   A. 发现财产被盗 B. 与其他企业合并
   C. 财产保管人员变动 D. 自然灾害造成部分损失

6. 企业进行财产物资全面清查的情况有(　　)。
   A. 年终决算之前 B. 清产核资时
   C. 单位主要负责人调离时 D. 更换出纳人员时

7. 财产清查结果包括(　　)。
   A. 账大于实 B. 账实相符
   C. 账账不符 D. 账小于实

8. 下列关于往来款项清查的表述中，正确的有(　　)。
   A. 往来款项的清查主要是对应收应付款项、预收预付款项及其他应收应付款项的清查
   B. 往来款项的清查一般采取函证核对法
   C. 在保证往来款项账户记录完整正确的基础上向对方单位填发对账单
   D. 收到对方往来单位回单后，应据此编制调整有关往来款项的账户记录

9. 财产清查中发现账实不符时，用以调整账簿记录的原始凭证有(　　)。

A. 库存现金盘点报告表 B. 盘存单
C. 账存实存对比表 D. 银行对账单

10. 对于企业编制的"银行存款余额调节表",下列说法中正确的有( )。
    A. 可以据此调整账面余额
    B. 可以确定企业可实际动用的款项
    C. 可以据此确定记账是否正确
    D. "银行存款余额调节表"是原始凭证

11. 定期清查的时间一般是( )。
    A. 年末 B. 单位合并时
    C. 月末 D. 季末

12. 下列各项中,需要通过"待处理财产损溢"账户核算的有( )。
    A. 库存商品毁损 B. 原材料盘亏
    C. 发现账外固定资产 D. 应收账款无法收回

13. 全面清查的对象包括( )。
    A. 货币资金 B. 各种实物资产
    C. 往来款项 D. 短期借款

14. 在"银行存款余额调节表"上,应调节银行存款日记账余额栏的未达账项有( )。
    A. 企业已收,银行未收 B. 银行已收,企业未收
    C. 企业已付,银行未付 D. 银行已付,企业未付

15. 财产清查按照清查的执行单位不同,可分为( )。
    A. 内部清查 B. 局部清查
    C. 定期清查 D. 外部清查

16. 常用的财产物资实存数的清查方法包括( )。
    A. 实地盘点法 B. 技术推算法
    C. 函证核对法 D. 核对账目法

17. 对于盘亏的财产物资,经批准后进行会计处理,可能涉及的借方账户有( )。
    A. "管理费用" B. "营业外支出"
    C. "其他应收款" D. "营业外收入"

18. 函证核对法适用的清查项目有( )。
    A. 应收账款 B. 应付账款
    C. 预付账款 D. 预收账款

19. 企业与银行之间出现未达账项的情况有( )。
    A. 银行代企业支付的款项,银行已登记入账,企业尚未入账
    B. 银行代企业收入的款项,银行已登记入账,企业尚未入账
    C. 企业支付的款项,企业已登记入账,银行尚未入账
    D. 外单位支付给企业的款项,企业与银行均未入账

20. 下列关于财产清查的相关表述中，正确的有(　　)。
    A. 库存现金清查采用实地盘点法
    B. 实物资产清查采用实地盘点法
    C. 银行存款清查采用与开户行核对账目的方法
    D. 往来款项清查一般采用函证核对法

21. 下列关于库存现金的清查表述中，正确的有(　　)。
    A. 在进行现金清查时，出纳人员必须在场
    B. 在清查过程中不能用白条抵库
    C. 库存现金盘点报告表不是原始凭证
    D. 应采用实地盘点法对库存现金进行清查

22. 财产物资的盘存制度有(　　)。
    A. 收付实现制
    B. 权责发生制
    C. 永续盘存制
    D. 实地盘存制

23. 财产清查按清查的时间分类可以分为(　　)。
    A. 年度清查
    B. 中期清查
    C. 定期清查
    D. 不定期清查

24. 更换仓库保管员时对其所保管的财产进行的清查属于(　　)。
    A. 局部清查
    B. 全面清查
    C. 不定期清查
    D. 定期清查

25. 下列说法正确的有(　　)。
    A. 对流动性较大的物资，要轮流盘点或重点抽查
    B. 对各种贵重物资，每月都应清查盘点
    C. 对于库存现金，每日终了时应由出纳人员清点
    D. 对债权债务，每年至少要核对一至两次

三、判断题

1. 财产清查时应本着先认定质量，后清查数量、核对有关账簿记录等的原则进行。
(　　)
2. 存货盘盈批准处理后冲减管理费用，而存货盘亏批准处理后增加管理费用。(　　)
3. 定期清查可以是全面清查，也可以是局部清查。(　　)
4. 实地盘存制下，财产清查的目的是为了保证账实相符。(　　)
5. 银行存款余额调节表中，银行对账单余额应减去企业已收银行未收款项。(　　)
6. 无论采用哪种盘存制度，都应该对财产物资进行定期或不定期的清查盘点。(　　)
7. 未达账项，是指企业或银行在登记账簿时漏记的款项。(　　)
8. 出纳人员因工作调动办理移交时所进行的货币资金清查，从清查时间上看属于定期清查。(　　)
9. 实物盘点后编制的"实存账存对比表"是调整账簿记录的原始凭证。(　　)

10. 在各种实物的清查过程中,实物保管人员必须在场,参加盘点,但不宜单独承揽财产清查工作。（   ）
11. 技术推算法适用于大量成堆、价廉笨重,难以逐一清点的物资,如煤炭、砂石、油罐中的油等大宗物资的清查。（   ）
12. 对在银行存款清查时出现的未达账项,可编制银行存款余额调节表来调整,该表是登记银行存款日记账和银行存款总分类账的原始凭证。（   ）
13. 未达账项是指企业和银行之间,由于凭证的传递时间不同而导致记账时间不一致即一方已接到有关结算凭证且登记入账,而另一方尚未接到有关结算凭证而未入账的款项。（   ）
14. 存货盘盈时,通常应冲减当期的管理费用。（   ）
15. 不定期清查只能是全面清查,不能是局部清查。（   ）
16. 若企业银行存款日记账与银行对账单均无记账错误,则通过银行存款余额调节表调整后的双方余额必然一致。（   ）
17. 只有采用实地盘存制的企业才需要对财产物资进行实地盘点。（   ）
18. 对于未达账项应编制银行存款余额调节表进行调节,同时,将未达账项编制记账凭证调整入账。（   ）
19. 盘盈的固定资产计入待处理财产损溢。（   ）
20. 盘亏的存货应计入营业外支出。（   ）
21. 企业与其开户银行对账时所编制的银行存款余额调节表是企业在该存款账实不符时进行会计核算的原始凭证。（   ）
22. 某仓库被盗,为查明损失,决定立即进行盘点。按照财产清查的范围分类,应属于局部清查；按照清查的时间分类,应属于不定期清查。（   ）
23. 如果不存在未达账项,银行存款日记账账面余额与银行对账单余额之间有差额,说明企业与银行双方或其中一方存在记账错误。（   ）
24. 银行存款的清查,主要是将银行存款日记账与总账进行核对。（   ）
25. 各种往来结算款项的清查,必须派人亲自到对方单位核对。（   ）

四、实务题

1. 三友公司202×年8月银行存款日记账和银行对账单所记录的内容分别如下：

   银行存款日记账所记录的该月18日至月末的经济业务如下：

   (1) 18日,送存销货款转账支票4 500元。
   (2) 20日,开出编号为06251的转账支票,支付购入材料货款24 000元。
   (3) 24日,开出编号为06252的转账支票,支付购料运杂费1 500元。
   (4) 25日,收到销货方开来的转账支票,金额30 000元。
   (5) 28日,开出编号为06253的现金支票,预支职工李明差旅费1 000元。
   (6) 30日,开出编号为06254的转账支票,上缴所得税12 000元。
   (7) 31日,银行存款日记账余额52 800元。

银行对账单所列的该月18日至月末的经济业务如下:

(1) 18日,银行为公司代付水电费3 560元。
(2) 20日,收到销货款转账支票4 500元。
(3) 21日,收到公司开出的编号为06251的转账支票,金额为24 000元。
(4) 22日,结算银行存款利息1 356元。
(5) 25日,收到公司开出的编号为06252的转账支票,金额为1 500元。
(6) 27日,代收外地汇来的货款20 000元。
(7) 31日,银行对账单余额为53 596元。

要求:根据上述资料,编制该公司8月31日的银行存款余额调节表(表7-9)。

表7-9　　　　　　　　　银行存款余额调节表

单位:元

项目	金额	项目	金额
银行存款日记账余额		银行对账单余额	
加:银行已收企业未收款项		加:企业已收银行未收款项	
减:银行已付企业未付款项		减:企业已付银行未付款项	
调节后余额		调节后余额	

2. 长江工厂12月31日进行财产清查,发现以下内容:

(1) 发现一台毁损钻床,账面原价15 000元,已提折旧5 000元。
(2) 发现下列材料账实不符:
① 甲材料账面结存7 800元,实际结存7 500元,系管理不善造成;
② 乙材料账面结存2 600元,实际结存2 400元,系保管员失职造成;
③ 丙材料账面结存15 600元,实际结存14 000元,系自然灾害造成毁损。经确认保险公司应给予1 000元赔偿;
④ 丁材料账面结存34 000元,实际结存34 500元,系自然溢余。

要求:对以上内容进行批准前和批准后有关的账务处理(增值税税率为13%)。

第八章 财务会计报告

第一部分 知识点回顾

一、财务会计报告的概念、构成和编制要求

(一) 财务会计报告的概念

财务会计报告,也称财务报告,是指企业对外提供的反映企业某一特定日期财务状况和某一会计期间经营成果、现金流量及所有者权益变动情况的书面文件。企业财务会计报告主要包括财务报表和其他应当在财务报告中披露的相关信息和资料。其中,财务报表是财务会计报告体系的主体和核心。

(二) 财务报表的分类

财务报表的分类如表 8-1 所示。

表 8-1　　　　　　　　　　　　财务报表的分类

分类标准	报表名称	概念	举例
按反映经济业务内容不同分	静态报表	静态报表是综合反映企业某一特定日期资产、负债和所有者权益状况的报表	资产负债表
	动态报表	动态报表是综合反映企业一定期间的经营成果或现金流量情况的报表	利润表 现金流量表 所有者权益变动表
按编制时间分	中期财务报表	中期财务报表是指以短于一个完整会计年度的报告期间为基础编制的财务会计报表。中期财务报表少应当包括资产负债表、利润表、现金流量表和附注(三表一注)	月报 季报 半年报
	年度财务报表	年度财务报表是指以一个完整的会计年度为基础编制的财务报表。年度财务报表一般包括资产负债表、利润表、现金流量表、所有者权益变动表和附注等内容(四表一注)	年报

(续表)

分类标准	报表名称	概念	举例
按编制主体分	个别报表	个别财务报表是指企业在自身核算基础上对账簿记录进行加工而编制的财务报表,主要用以反映企业自身的财务状况、经营成果和现金流量情况	资产负债表 利润表 现金流量表 所有者权益变动表
	合并报表	合并报表是以母公司和子公司组成的企业集团为会计主体,由母公司根据母公司和子公司的个别财务报表编制的综合反映企业集团财务状况、经营成果及现金流量的会计报表	合并资产负债表 合并利润表 合并现金流量表 合并所有者权益变动表
按服务对象分	内部报表	内部报表是指为适应企业内部经营管理需要而编制的不对外公开的财务报表	成本报表
	外部报表	外部报表是指企业对外提供的,供外部信息使用者使用的财务报表	资产负债表 利润表 现金流量表 所有者权益变动表

(三)财务报表的编制要求

(1)以持续经营为基础编制。

(2)按正确的会计基础编制。

(3)至少按年编制财务报表。

(4)项目列报遵守重要性原则。

(5)保持各个会计期间财务报表列报的一致性。

(6)各项目之间的金额不得相互抵销。

(7)至少应当提供所有列报项目上一个可比会计期间的比较数据。

(8)应当在财务报表的显著位置披露编报企业的名称等重要信息。

二、资产负债表

资产负债表是企业对外提供的主要财务报表之一,其主要内容如表 8-2 所示。

表 8-2　　　　　　　　　　　资产负债表

项目	内容
概念	资产负债表又称财务状况表,是反映企业某一特定日期(如月末、季末、半年末、年末)财务状况的会计报表
理论依据	资产=负债+所有者权益
内容	一般由表首和正表两部分组成。表首部分应列明报表名称、编制单位名称、编制日期、报表编号和货币计量单位;正表部分是资产负债表的主体,列示了用以说明企业财务状况的各个项目,主要包括资产类项目、负债类项目和所有者权益类项目

(续表)

项目		内　　容
格式		主要有报告式和账户式两种。我国企业一般采用账户式资产负债表
编制方法	"上年年末余额"栏	根据上年年末（12月31日）资产负债表的"期末余额"栏内数字填列
	"期末余额"栏	▲ 根据某个总账账户的期末余额直接填列，如"短期借款""实收资本"等项目 ▲ 根据若干个总账账户的期末余额分析计算填列，如"货币资金""存货""未分配利润"项目 ▲ 根据明细账户的期末余额分析计算填列，如"应收账款""预付款项""应付账款""预收款项"等项目 ▲ 根据有关总账及其明细账的期末余额分析计算填列，如"长期应收款""长期待摊费用""长期借款""应付债券""长期应付款"等项目 ▲ 根据有关账户与其备抵账户抵销后的净额填列，如"应收账款""应收票据""其他应收款""存货""持有待售资产""长期股权投资""固定资产""在建工程""无形资产"等项目

三、利润表的概念、格式和编制方法

利润表也是企业对外提供的主要财务报表，其主要内容如表 8-3 所示。

表 8-3　　　　　　　　　　　　利润表

项目		内　　容
概念		利润表是反映企业一定会计期间经营成果的财务报表
理论依据		收入－费用＝利润
内容		一般由表首和正表两部分组成。表首部分应列明报表名称、编制单位名称、编制期间、报表编号和货币计量单位；正表部分是利润表的主体，反映利润的构成内容
格式		主要有单步式和多步式两种。我国企业一般采用多步式的利润表
编制方法	"上期金额"栏	根据上年该期利润表的"本期金额"栏内所列数字填列
	"本期金额"栏	按照相关账户的本期发生额填列。具体方法有： ▲ 根据有关账户的发生额直接填列，如"税金及附加""销售费用""营业外收入"等项目 ▲ 根据有关账户的发生额分析计算填列，如"营业收入""营业成本"项目 ▲ 根据公式计算填列，如"营业利润""利润总额"和"净利润"项目

第二部分 单元自测

一、单项选择题

1. 下列各项中,属于企业对外提供的静态报表的是( )。
   A. 资产负债表
   B. 利润表
   C. 现金流量表
   D. 所有者权益变动表

2. 202×年12月31日,某企业"应付账款——甲企业"明细账户贷方余额40 000元,"应付账款——乙企业"明细账户借方余额10 000元,"预付账款——丙企业"明细账户借方余额30 000元,"预付账款——丁企业"明细账户贷方余额6 000元。不考虑其他因素,该企业202×年12月31日资产负债表"应付账款"项目期末余额为( )元。
   A. 36 000
   B. 40 000
   C. 30 000
   D. 46 000

3. 下列资产负债表项目中,根据有关账户余额减去其备抵账户余额后的净额填列的是( )。
   A. 短期借款
   B. 长期借款
   C. 无形资产
   D. 预收款项

4. 下列选项中,反映资产负债表内有关所有者权益项目排列顺序的是( )。
   A. 实收资本、资本公积、盈余公积、未分配利润
   B. 资本公积、实收资本、盈余公积、未分配利润
   C. 资本公积、盈余公积、未分配利润、实收资本
   D. 未分配利润、实收资本、资本公积、盈余公积

5. 下列报表中属于对外报告的主表是( )。
   A. 成本报表
   B. 利润表
   C. 制造费用明细表
   D. 应收账款明细表

6. 某企业202×年12月31日"固定资产"账户余额为6 000万元,"累计折旧"账户余额为1 800万元,"固定资产减值准备"账户余额为200万元。该企业202×年12月31日资产负债表"固定资产"项目的金额应为( )万元。
   A. 6 400
   B. 6 000
   C. 4 400
   D. 4 000

7. 下列各项中,不属于企业利润表项目的是( )。
   A. 综合收益总额
   B. 未分配利润
   C. 每股收益
   D. 公允价值变动收益

8. 下列项目中,属于资产负债表中流动负债项目的是( )。

A. 递延所得税资产 B. 应付债券
C. 其他应付款 D. 长期待摊费用

9. 下列各会计报表中,属于反映企业财务成果的报表是( )。
   A. 资产负债表 B. 利润表
   C. 现金流量表 D. 所有者权益变动表

10. 编制利润表的主要依据是( )。
    A. 资产、负债及所有者权益各账户的本期发生额
    B. 资产、负债及所有者权益各账户的期末余额
    C. 损益类各账户的本期发生额
    D. 损益类各账户的期末余额

11. 下列各项中,不属于年度报表的是( )。
    A. 资产负债表 B. 利润表
    C. 现金流量表 D. 试算平衡表

12. 下列各项中,应根据相应总账账户的余额直接在资产负债表中填列的是( )。
    A. 固定资产 B. 长期借款
    C. 应收账款 D. 短期借款

13. 下列各项中,"预付账款"账户所属明细账户期末为贷方余额,应将其贷方余额列入资产负债表的项目是( )。
    A. 预收款项 B. 应付账款
    C. 预付款项 D. 应收账款

14. 某企业一笔长期借款将于2025年7月1日到期,下列各项中,该笔长期借款应列于企业2024年8月31日资产负债表的项目是( )。
    A. 一年内到期的非流动负债 B. 其他非流动资产
    C. 短期借款 D. 长期借款

15. 在资产负债表中,负债项目是按照( )排列的。
    A. 求偿权的先后 B. 永久性程度的高低
    C. 收益性的大小 D. 变现能力的快慢

16. 我国企业编制所有者权益变动表的列示方式是( )。
    A. 账户式 B. 多步式
    C. 报告式 D. 矩阵式

17. 下列各项中,会影响企业营业成本的项目是( )。
    A. 税金及附加 B. 营业外支出
    C. 其他业务成本 D. 所得税费用

18. 根据有关账户余额直接填列或分析计算填列的会计报表是( )。
    A. 资产负债表 B. 利润表
    C. 现金流量表 D. 所有者权益变动表

19. 资产负债表的下列项目中,可以直接根据总账账户余额就能填列的项目是(　　)。
    A. 货币资金　　　　　　　　　　　B. 应付票据
    C. 应付账款　　　　　　　　　　　D. 预付款项

20. 下列各项中,属于资产负债表中"流动负债"项目的是(　　)。
    A. 长期借款　　　　　　　　　　　B. 预付款项
    C. 应交税费　　　　　　　　　　　D. 应付债券

21. 在资产负债表中,所有者权益项目是按照(　　)排列的。
    A. 求偿权的先后　　　　　　　　　B. 永久性程度的高低
    C. 收益性的大小　　　　　　　　　D. 变现能力的快慢

22. 现金流量表是以(　　)为基础编制的财务报表。
    A. 权责发生制　　　　　　　　　　B. 收付实现制
    C. 应收应付制　　　　　　　　　　D. 费用配比表

23. "应收账款"明细账中若有贷方余额,应将其计入的资产负债表项目是(　　)。
    A. 应收账款　　　　　　　　　　　B. 预收款项
    C. 预付款项　　　　　　　　　　　D. 其他应收款

24. 下列各项中,不会影响营业利润金额增减的是(　　)。
    A. 资产减值损失　　　　　　　　　B. 财务费用
    C. 投资收益　　　　　　　　　　　D. 营业外收入

25. 会计报表编制的依据是(　　)。
    A. 原始凭证　　　　　　　　　　　B. 记账凭证
    C. 账簿记录　　　　　　　　　　　D. 科目汇总表

二、多项选择题

1. 资产负债表中,根据总账账户余额与明细账户余额分析计算填列的有(　　)。
   A. 其他货币资金　　　　　　　　　B. 长期借款
   C. 资本公积　　　　　　　　　　　D. 其他非流动资产

2. 下列各项中,属于企业利润表应提供的利润指标有(　　)。
   A. 主营业务利润　　　　　　　　　B. 营业利润
   C. 利润总额　　　　　　　　　　　D. 净利润

3. 在利润表中,"营业成本"项目的计算依据一般有(　　)。
   A. "主营业务成本"账户发生额　　　B. "其他业务成本"账户发生额
   C. "营业外支出"账户发生额　　　　D. "管理费用"账户发生额

4. 下列关于我国企业资产负债表的表述中,正确的有(　　)。
   A. 资产项目按照重要性排列
   B. 资产项目按照流动性大小排列
   C. 负债项目按照清偿时间的先后顺序排列
   D. 资产负债表的编制依据是"资产＝负债＋所有者权益"

5. 下列关于利润表项目本期金额填列方法的表述中,正确的有( )。
   A. "税金及附加"项目应根据"应交税费"账户的本期发生额分析填列
   B. "营业利润"项目应根据"本年利润"账户的本期发生额分析填列
   C. "营业收入"项目应根据"主营业务收入"和"其他业务收入"账户的本期发生额分析填列
   D. "管理费用"项目应根据"管理费用"账户的本期发生额分析填列

6. 企业必须定期编制和对外报送的会计报表有( )。
   A. 资产负债表   B. 利润表
   C. 现金流量表   D. 成本报表

7. 下列资产负债表项目中,属于非流动资产的有( )。
   A. 长期股权投资   B. 其他应收款
   C. 固定资产   D. 在建工程

8. 下列属于资产负债表项目的有( )。
   A. 固定资产   B. 应交税费
   C. 未分配利润   D. 所得税费用

9. 下列属于企业财务报表构成内容的有( )。
   A. 试算平衡表   B. 利润表
   C. 现金流量表   D. 附注

10. 下列各项中,属于利润表格式的有( )。
    A. 账户式   B. 单步式
    C. 报告式   D. 多步式

11. 下列资产负债表项目,应根据有关账户余额减去其备抵账户后的净额填列的有( )。
    A. 货币资金   B. 短期借款
    C. 无形资产   D. 固定资产

12. 资产负债表中"货币资金"项目的期末数应根据( )等账户的期末借方余额填列。
    A. "库存现金"   B. "交易性金融资产"
    C. "其他货币资金"   D. "银行存款"

13. 资产负债表中,"未分配利润"项目期末余额填列方法是( )。
    A. 根据"利润分配"总账账户贷方余额直接填列
    B. 根据"利润分配"明细账户贷方余额直接填列
    C. 年度中间,根据"利润分配"和"本年利润"总账账户期末余额分析计算填列
    D. 年末,根据"利润分配"总账账户余额直接填列

14. 下列资产负债表项目中,根据若干个总账账户余额分析计算填列的有( )。
    A. 存货   B. 交易性金融资产
    C. 未分配利润   D. 货币资金

15. 下列各项中,属于企业资产负债表格式的有( )。
    A. 多步式   B. 账户式
    C. 单步式   D. 报告式

16. 下列会计报表中,属于按其反映的经济内容分类的有( )。
    A. 资产负债表   B. 利润表
    C. 现金流量表   D. 年度报表

17. 下列各项中,应在资产负债表"存货"项目中列示的有( )。
    A. 生产成本   B. 原材料
    C. 工程物资   D. 周转材料

18. 资产负债表的填列方法有( )。
    A. 根据有关总账账户的期末余额直接填列
    B. 根据有关总账账户的期末余额分析计算填列
    C. 根据有关明细账户的期末余额分析计算填列
    D. 根据有关总账账户和明细账户的期末余额分析计算填列

19. 下列各项中,应在资产负债表中的所有者权益项目中单独列示的有( )。
    A. 未分配利润   B. 本年利润
    C. 实收资本   D. 资本公积

20. 下列各项中,属于企业利润表列报项目的有( )。
    A. 税金及附加   B. 应交税费
    C. 所得税费用   D. 研发费用

21. 下列各项中,属于财务报表编制的基本要求有( )。
    A. 各会计期间财务报表项目列报要保持一致性
    B. 各项目之间的金额不得相互抵销
    C. 至少应当提供所有列报项目上一个可比会计期间的比较数据
    D. 以持续经营为基础编制

22. 下列项目中影响营业利润的有( )。
    A. 主营业务收入   B. 管理费用
    C. 主营业务成本   D. 营业外收入

23. 下列项目中不能根据总账账户余额直接填列的有( )。
    A. 货币资金   B. 应收账款
    C. 固定资产   D. 预付款项

24. 下列有关利润表的说法中正确的有( )。
    A. 是总括反映企业在一定时期经营成果的财务报表
    B. 是静态报表
    C. 表体结构分为单步式和多步式
    D. 报表右边的金额数字包括年初数和期末数

25. 资产负债表中"应收账款"项目应根据(　　　)之和减去"坏账准备"账户中有关应收账款计提的坏账准备期末余额填列。

    A."应收账款"账户所属明细账户的借方余额

    B."应收账款"账户所属明细账户的贷方余额

    C."应付账款"账户所属明细账户的贷方余额

    D."预收账款"账户所属明细账户的借方余额

三、判断题

1. 所有者权益变动表是反映企业当期所有者权益各构成部分增减变动情况的报表。（　　）

2. 企业将于一年内偿还的长期借款,应在资产负债表中一年内到期的非流动负债项目列报。（　　）

3. 所有者权益变动表是对在资产负债表、利润表、现金流量表和所有者权益变动表等报表中列示项目的文字描述或明细资料的补充,以及对未能在这些报表中列示项目的说明等。（　　）

4. 资产负债表是以"资产＝负债＋所有者权益"这一会计等式作为编制依据的。（　　）

5. 现金流量表反映企业在一定会计期间的现金及现金等价物流入和流出的财务报表。（　　）

6. 财务报告包括财务报表和其他应当在财务报告中披露的相关信息和资料。（　　）

7. 为了及时编制财务报表,企业单位均可以提前结账。（　　）

8. 我国企业的所有者权益变动表采用的结构和资产负债表一致,都属于账户式结构。（　　）

9. 利润表中的"营业成本"项目反映企业销售产品和提供劳务等主要经营业务的各项销售费用和实际成本。（　　）

10. 资产负债表是反映企业在特定时点上的资产、负债和所有者权益情况的报表。（　　）

11. 利润表是以"收入－费用＝利润"这一会计等式作为编制依据的。（　　）

12. 在资产负债表上没有"原材料"和"库存商品"项目。（　　）

13. "生产成本"账户的余额不应反映在资产负债表中,应列示在利润表中。（　　）

14. 资产负债表的"期末余额"栏各项目主要是根据总账或有关明细账期末贷方余额直接填列的。（　　）

15. 企业资产负债表的"预付款项"项目应根据"预付账款"和"应付账款"所属各明细账户的期末借方余额,减去与预付账款有关的坏账准备的期末借方余额的净额填列。（　　）

16. 所有者权益变动表是指反映企业在一定期间未分配利润的增减变动情况的报表。（　　）

17. 资产负债表日,应根据"库存现金""银行存款""其他货币资金"三个总账科目的期末余额总计数填列资产负债表"货币资金"项目。   (   )
18. 企业的所得税费用是以净利润为基础计算的。   (   )
19. 现金流量表是以收付实现制为基础编制的。   (   )
20. 资产负债表属于动态报表,利润表属于静态报表。   (   )
21. 计提的各项资产减值准备在资产负债表中均不会单独列项予以反映。   (   )
22. 根据重要性要求,资产负债表中资产项目必须将价值大的项目排列在最前面。
                                                                (   )
23. 资产负债表是反映企业在一定期间经营成果的报表。   (   )
24. 财务报表附注是账簿中所列示项目的文字描述或明细资料。   (   )
25. 利润表中的项目都是根据损益类账户的余额分析计算填列。   (   )

四、实务题

1. 永安公司202×年1~11月损益类账户累计发生额如表8-4所示。

表8-4　　　永安公司202×年1~11月损益类账户累计发生额　　　单位:元

账户	借方发生额	贷方发生额	账户	借方发生额	贷方发生额
主营业务收入		6 000 000	税金及附加	500 000	
其他业务收入		200 000	销售费用	100 000	
投资收益		50 000	管理费用	800 000	
营业外收入		20 000	财务费用	50 000	
主营业务成本	2 000 000		营业外支出	110 000	
其他业务成本	80 000		所得税费用	657 500	

12月份,公司发生下列经济业务:
(1) 本月销售甲产品8台,单价150 000元;乙产品6台,单价30 000元;增值税销项税额179 400元,价税款已存银行。
(2) 以银行存款支付销售产品广告费25 000元,增值税进项税额1 500元。
(3) 计算本月应交城市维护建设税9 600元、教育费附加5 760元。
(4) 计算并结转已销甲产品、乙产品的成本。其中,甲产品的生产成本为980 000元,乙产品的生产成本为130 000元。
(5) 销售材料35 000元,增值税销项税额4 550元,货款已经收到,该材料的成本为12 500元。
(6) 开出转账支票,向红十字会支付捐款20 000元。
(7) 计算分配职工工资160 000元。其中,生产甲产品的工人工资80 000元,生产乙产品的工人工资60 000元,车间管理部门人员工资8 000元,厂部管理人员工资 12 000 元。

(8) 预提应由本月负担的短期借款利息 2 200 元。

(9) 转销盘亏固定资产净损失 14 000 元。

(10) 计算本月份应交企业所得税,假定无纳税调整事项。

(11) 将 12 月份发生的收入和费用结转至"本年利润"账户。

(12) 将全年实现的净利润结转至"利润分配"账户。

要求:

(1) 根据 12 月份经济业务编制会计分录。

(2) 计算 202×年的下列利润指标:营业收入、营业利润、利润总额、净利润。

2. 已知 X 公司 202×年年末资产总额是年末流动资产的 2 倍,年末流动资产比年初流动资产多 50 000 元,年末流动负债比年初流动负债多 40 000 元。202×年年末的资产负债表(简表)如表 8-5 所示。

表 8-5   资产负债表(简表)

制表单位:X 公司   202×年 12 月 31 日   单位:元

资产	年初数	年末数	负债及所有者权益	年初数	年末数
流动资产:			流动负债:		
货币资金	51 300	47 200	短期借款	20 000	50 000
应收账款	11 500	(1)	应付账款	6 500	18 500
其他应收款	1 000	1 200	应交税费	(4)	3 500
存货	234 200	185 800	流动负债合计	(5)	72 000
流动资产合计	298 000	(2)	非流动负债:		
非流动资产:			长期借款	100 000	100 000
固定资产	352 000	(3)	所有者权益:		
			实收资本	500 000	500 000
			盈余公积	18 000	24 000
			所有者权益合计	518 000	524 000
资产总计	650 000	696 000	负债及所有者权益总计	650 000	696 000

要求:根据题意填写相关空格处的金额。

3. 华发公司 202×年 12 月 31 日部分总分类账户和明细分类账户的期末余额如表 8-6 和表 8-7 所示。

表 8-6　　　华发公司 202×年 12 月 31 日部分总分类账户余额表　　　单位:元

总分类账户名称	借方余额	贷方余额
库存现金	12 000	
银行存款	125 500	
应收账款	140 000	
预付账款	37 500	
在途物资	14 150	
原材料	48 450	
库存商品	29 200	
生产成本	21 800	
应付职工薪酬		23 000
利润分配		39 000
预收账款		18 500
短期借款		40 000
应付账款		60 000
长期借款		200 000
本年利润		420 000

表 8-7　　　华发公司 202×年 12 月 31 日部分往来账户余额表　　　单位:元

明细分类账户名称	借或贷	余额	明细分类账户名称	借或贷	余额
应收账款	借	140 000	应付账款	贷	60 000
——A 公司	借	200 000	——甲公司	贷	90 000
——B 公司	贷	60 000	——乙公司	贷	20 000
预收账款	贷	18 500	预付账款	借	37 500
——C 公司	贷	32 000	——丙公司	借	52 000
——D 公司	借	13 500	——丁公司	贷	14 500

注:长期借款中将于一年内到期的长期借款为 60 000 元。
要求:根据上述资料计算资产负债表中下列项目的金额。
(1) 货币资金＝
(2) 应收账款＝
(3) 预付款项＝
(4) 预收款项＝
(5) 应付账款＝

(6) 短期借款＝

(7) 长期借款＝

(8) 存货＝

(9) 应付职工薪酬＝

(10) 未分配利润＝

第九章　账务处理程序

第一部分　知识点回顾

一、账务处理程序概述

（一）账务处理程序的概念

账务处理程序，也称会计核算组织程序或会计核算形式，是指会计凭证、会计账簿、财务报表的种类和格式与一定的记账程序有机结合的方法和步骤。

（二）账务处理程序的意义

各单位应根据自身的实际情况，科学合理地组织本单位的账务处理程序。正确地组织账务处理程序对提高会计核算工作质量的意义主要表现为：

（1）有利于减少不必要的会计核算环节和手续，节约人力、物力和财力，提高核算工作效率。

（2）有利于会计信息的形成和传递，使会计数据的处理过程有条不紊地进行，确保会计记录正确、完整，会计信息相关、可靠，从而提高会计信息质量。

（3）有利于会计核算工作的分工协作、责任划分，明确岗位职责，合理分工协作。

（三）账务处理程序的种类

账务处理程序可以分为记账凭证账务处理程序、科目汇总表账务处理程序、汇总记账凭证账务处理程序、多栏式日记账账务处理程序和日记总账账务处理程序。在我国，企业常用的账务处理程序主要有以下三种：记账凭证账务处理程序、科目汇总表账务处理程序和汇总记账凭证账务处理程序。

二、主要账务处理程序

三种主要账务处理程序的具体内容如表9-1所示。

表 9-1　　　　　　　　　　　　主要账务处理程序

	记账凭证账务处理程序	汇总记账凭证账务处理程序	科目汇总表账务处理程序
概念	对发生的经济业务事项,根据原始凭证或原始凭证汇总表编制记账凭证,然后根据记账凭证逐笔登记总分类账,并定期编制会计报表的一种账务处理程序	定期根据记账凭证分类编制汇总记账凭证(汇总收款凭证、汇总付款凭证、汇总转账凭证),然后根据汇总记账凭证登记总分类账的一种账务处理程序	定期根据记账凭证编制科目汇总表,再根据科目汇总表汇总登记总分类账的一种账务处理程序
特点	直接根据记账凭证登记总账	定期(5天、10天或15天)将全部记账凭证按收、付款凭证和转账凭证分别归类编制成汇总记账凭证,然后再根据汇总记账凭证登记总分类账	定期将所有记账凭证编制成科目汇总表,然后再根据科目汇总表登记总分类账
凭证设置	通用或专用记账凭证	▲通用或专用记账凭证 ▲汇总记账凭证	▲通用或专用记账凭证 ▲科目汇总表(记账凭证汇总表)
账簿设置	日记账(三栏式) 总账(三栏式) 明细账(三栏式、数量金额式、多栏式)		
步骤	▲根据原始凭证编制汇总原始凭证 ▲根据原始凭证或汇总原始凭证填制记账凭证 ▲根据收款凭证、付款凭证逐笔登记库存现金和银行存款日记账 ▲根据原始凭证或汇总原始凭证和记账凭证登记各种明细分类账 ▲根据记账凭证逐笔登记总分类账	▲根据各种记账凭证编制汇总记账凭证 ▲根据汇总记账凭证登记总分类账	▲根据各种记账凭证编制科目汇总表 ▲根据科目汇总表登记总分类账
	▲期末,日记账、明细分类账的余额同有关总分类账的余额核对相符 ▲期末,根据总分类账和明细分类账的记录编制财务报表		
优点	▲简单明了,易于理解 ▲总账详细反映经济业务的来龙去脉	▲减轻了登记总账的工作量 ▲总账账户对应关系明确	▲减轻了登记总账的工作量 ▲便于试算平衡
缺点	登记总账的工作量较大	▲不利于会计核算的日常分工 ▲不是按经济业务性质归类、汇总 ▲转账凭证较多时,编制汇总转账凭证的工作量较大	不能反映账户之间的对应关系,不便于查对账目和分析经济业务的来龙去脉
适用范围	规模较小,经济业务量较少的单位	规模较大,经济业务量较多的单位	规模较大,经济业务量较多的单位

第二部分 单元自测

一、单项选择题

1. (　　)是根据记账凭证逐笔登记总分类账。
   A. 记账凭证账务处理程序　　　　　　B. 科目汇总表账务处理程序
   C. 日记总账账务处理程序　　　　　　D. 汇总记账凭证账务处理程序

2. 各个企业所使用的账务处理程序虽然不相同,但是各种账务处理程序存在着密切的联系,都是以(　　)为基础发展演变而来。
   A. 记账凭证账务处理程序　　　　　　B. 科目汇总表账务处理程序
   C. 汇总记账凭证账务处理程序　　　　D. 日记总账账务处理程序

3. 下列关于账务处理程序的说法中,不正确的是(　　)。
   A. 账务处理程序是指会计凭证、会计账簿和会计报表相结合的方式
   B. 建立凭证、账簿和报表组织体系是账务处理程序的主要内容之一
   C. 账务处理程序也就是记账程序
   D. 记账凭证账务处理程序是最基本的账务处理程序

4. (　　)账务处理程序是最基本的一种账务处理程序。
   A. 日记总账　　　　　　　　　　　　B. 多栏式日记账
   C. 记账凭证　　　　　　　　　　　　D. 科目汇总表

5. 科目汇总表账务处理程序的优点是(　　)。
   A. 详细反映经济业务的发生情况　　　B. 可以做到试算平衡
   C. 便于了解账户之间的对应关系　　　D. 处理程序简便

6. 记账凭证账务处理程序的优点是(　　)。
   A. 简单明了,易于理解　　　　　　　B. 有利于了解账户之间的关系
   C. 便于查对账目　　　　　　　　　　D. 适用于经济业务较多的单位

7. 不能简化登记总账工作量的是(　　)。
   A. 科目汇总表账务处理程序　　　　　B. 记账凭证账务处理程序
   C. 汇总记账凭证账务处理程序　　　　D. 以上三种都不能

8. 在记账凭证账务处理程序下,下列说法不正确的是(　　)。
   A. 根据原始凭证编制汇总原始凭证
   B. 根据收付款凭证逐笔登记库存现金和银行存款日记账
   C. 根据汇总原始凭证登记各种明细账
   D. 根据记账凭证逐笔登记总分类账

9. 既能汇总登记总分类账,减轻总账登记工作,又能明确反映账户对应关系,便于查账、对账的账务处理程序是(　　)。

A. 科目汇总表账务处理程序 B. 汇总记账凭证账务处理程序
C. 多栏式日记账账务处理程序 D. 日记总账账务处理程序

10. 科目汇总表核算形式的不足之处是( )。
    A. 不能进行试算平衡
    B. 不利于减轻登记总分类账的工作量
    C. 不适用于经济业务较多的单位
    D. 不能反映账户对应关系

11. 区分不同账务处理程序的根本标志是( )。
    A. 编制汇总原始凭证的依据不同 B. 编制记账凭证的依据不同
    C. 登记总分类账的依据不同 D. 编制会计报表的依据不同

12. 在编制记账凭证时,要求会计科目按一个借方和一个贷方科目相对应,是为了适应( )的要求。
    A. 编制汇总记账凭证 B. 登记总分类账
    C. 编制科目汇总表 D. 登记多栏式日记账

13. 下列关于记账凭证账务处理程序的说法中,正确的是( )。
    A. 登记总分类账的工作量较大
    B. 适用于规模较大、经济业务较多的单位
    C. 不利于会计核算的日常分工
    D. 减轻了登记总分类账的工作量

14. 根据原始凭证或汇总原始凭证编制记账凭证,直接根据记账凭证逐笔登记总分类账的一种账务处理程序,称为( )账务处理程序。
    A. 记账凭证 B. 汇总记账凭证
    C. 汇总原始凭证 D. 科目汇总表

15. 生产经营规模小,经济业务量较少的单位,适用( )。
    A. 科目汇总表账务处理 B. 日记总账账务处理程序
    C. 汇总记账凭证账务处理程序 D. 记账凭证账务处理程序

16. 在汇总记账凭证账务处理程序下,记账凭证和账簿设置与记账凭证账务处理程序基本相同,但需要另外设置( )。
    A. 原始凭证汇总表 B. 记账凭证汇总表
    C. 日记总账 D. 汇总记账凭证

17. 在科目汇总表核算形式中,登记各种明细分类账,是根据( )进行。
    A. 原始凭证
    B. 记账凭证
    C. 汇总原始凭证
    D. 原始凭证、汇总原始凭证和记账凭证

18. 在汇总记账凭证账务处理程序下,下列说法不正确的是( )。

A. 根据原始凭证或汇总原始凭证,编制记账凭证

B. 根据各种记账凭证编制有关汇总记账凭证

C. 根据各种汇总记账凭证登记各种明细分类账

D. 根据各种汇总记账凭证登记总分类账

19. 下列各项中,属于科目汇总表账务处理程序与汇总记账凭证账务处理程序共同优点的是( )。

A. 保持科目之间的对应关系　　　B. 简化总分类账登记工作

C. 进行所有科目余额的试算平衡　　D. 总括反映同类经济业务

20. 下列各项中,属于汇总记账凭证账务处理程序主要缺点的是( )。

A. 登记总账的工作量较大　　　　B. 编制汇总转账凭证的工作量较大

C. 不便于体现账户间的对应关系　　D. 不便于进行账目的核对

21. 在科目汇总表账务处理程序下,总分类账的记账依据是( )。

A. 原始凭证　　　　　　　　　　B. 记账凭证

C. 科目汇总表　　　　　　　　　D. 汇总记账凭证

22. 根据每一( )方科目编制汇总转账凭证。

A. 借　　　　　　　　　　　　　B. 贷

C. 借和贷　　　　　　　　　　　D. 借或贷

23. 在汇总记账凭证核算形式下,编制有关汇总记账凭证的直接依据是( )。

A. 汇总原始凭证　　　　　　　　B. 记账凭证

C. 收付款凭证　　　　　　　　　D. 原始凭证

24. 科目汇总表定期汇总的是各账户的( )。

A. 期初余额　　　　　　　　　　B. 期末余额

C. 本期借、贷方发生额　　　　　D. 本期增加额

25. 账务处理程序的核心是( )。

A. 凭证组织　　B. 账簿组织　　C. 记账程序　　D. 报表组织

二、多项选择题

1. 科目汇总表账务处理程序与记账凭证账务处理程序共同之处有( )。

   A. 登记总账的依据相同

   B. 编制财务报表的依据相同

   C. 登记库存现金和银行存款日记账的依据相同

   D. 登记各种明细分类账的依据相同

2. 下列关于汇总记账凭证账务处理程序的优缺点与适用范围的表述中,正确的有( )。

   A. 记账凭证通过汇总记账凭证汇总后月末一次登记总分类账,减轻了登记总账的工作量

   B. 汇总记账凭证按会计科目的对应关系归类、汇总编制,能够明确地反映账户之间

的对应关系,便于查账

C. 汇总转账凭证按每一贷方科目汇总编制,不利于会计核算工作的分工

D. 主要适用于规模较大,交易或事项较多,特别是转账业务少而收、付款业务较多的单位

3. 下列各项中,通常可作为登记明细分类账依据的有( )。
   A. 记账凭证
   B. 原始凭证
   C. 汇总原始凭证
   D. 汇总记账凭证

4. 下列关于科目汇总表账务处理程序的表述中,正确的是( )。
   A. 科目汇总表能汇总计算各账户本期借、贷方发生额
   B. 科目汇总表可起到试算平衡的作用
   C. 科目汇总表需逐笔登记总分类账
   D. 科目汇总表能清晰反映账户之间的对应关系

5. 下列关于账务处理程序的说法中,正确的有( )。
   A. 记账凭证账务处理程序是最基本的账务处理程序
   B. 各种账务处理程序之间的主要区别是登记总账的依据和方法不同
   C. 我国普遍采用的是记账凭证账务处理程序
   D. 账务处理程序的主要内容包括凭证、账簿、报表构成的组织体系和记账程序

6. 总分类账的登记方法有( )。
   A. 根据记账凭证逐笔登记
   B. 根据经过汇总的科目汇总表登记或汇总记账凭证登记
   C. 由出纳人员根据同现金收付有关的记账凭证,按时间顺序逐日逐笔进行登记
   D. 将属于同一个总账科目的各个明细科目合并在一张账页上进行登记

7. 汇总记账凭证账务处理程序的缺点有( )。
   A. 能大大减轻登记总账的工作量
   B. 能够反映账户间的对应关系
   C. 汇总记账凭证的编制工作量较大
   D. 不利于日常核算工作的合理分工

8. 下列各项中,属于汇总记账凭证会计核算程序优点的有( )。
   A. 能保持账户间的对应关系
   B. 便于会计核算的日常分工
   C. 能减少登记总账的工作量
   D. 能起到入账前的试算平衡作用

9. 以记账凭证为依据,按有关账户的贷方设置,按借方账户归类的有( )。
   A. 汇总收款凭证
   B. 汇总转账凭证
   C. 汇总付款凭证
   D. 科目汇总表

10. 在记账凭证账务处理程序中登记总账的依据是( )。
    A. 转账凭证
    B. 原始凭证汇总表
    C. 收款凭证
    D. 付款凭证

11. 在各种会计核算组织程序下,登记明细账的依据可能有( )。

A. 原始凭证 B. 汇总原始凭证
C. 收付款凭证 D. 转账凭证

12. 下列各项中,属于记账凭证会计核算程序优点的有( )。
A. 简单明了、易于理解
B. 总分类账可较详细地记录经济业务发生情况
C. 便于进行会计科目的试算平衡
D. 减轻了登记总分类账的工作量

13. 下列属于科目汇总表账务处理程序特点的是( )。
A. 定期汇总登记总账 B. 不能反映科目对应关系
C. 需逐日登记明细账 D. 必须使用专用记账凭证

14. 汇总记账凭证一般可以( )汇总一次。
A. 5天 B. 10天 C. 15天 D. 一年

15. 汇总记账凭证账务处理程序下,会计凭证方面除设置收款凭证、付款凭证、转账凭证外,还应设置( )。
A. 科目汇总表 B. 汇总收款凭证
C. 汇总付款凭证 D. 汇总转账凭证

16. 在不同账务处理程序下,下列可以作为登记总分类账依据的有( )。
A. 记账凭证 B. 科目汇总表
C. 汇总记账凭证 D. 原始凭证

17. 会计核算组织程序是( )的合理组织过程。
A. 会计凭证 B. 会计分录 C. 会计账簿 D. 会计报表

18. 在我国,常用的账务处理程序主要有( )。
A. 记账凭证账务处理程序 B. 汇总记账凭证账务处理程序
C. 科目汇总表账务处理程序 D. 日记总账账务处理程序

19. 要建立科学合理的账务处理程序,一般应符合以下基本要求( )。
A. 能大大减轻登记总账的工作量
B. 要与本单位的经营规模大小、经营业务的繁简程度相适应
C. 必须保证全面、准确、及时的提供会计信息,满足经济管理的需要
D. 有利于会计人员的分工协作,建立岗位责任制,提供工作效率

20. 在汇总记账凭证核算形式下,为了方便填制汇总转账凭证,平时应尽可能使账户的对应关系保持( )。
A. 一借多贷 B. 多借多贷
C. 一借一贷 D. 一贷多借

21. 下列各项中,属于汇总记账凭证账务处理程序一般步骤的有( )。
A. 根据原始凭证编制原始凭证汇总表
B. 根据收付款凭证逐笔登记库存现金日记账和银行存款日记账

C. 根据各种记账凭证分别编制汇总记账凭证

D. 根据各种汇总记账凭证登记总分类账

22. 关于科目汇总表账务处理程序的特点,下列说法正确的有(　　)。

　　A. 能反映账户之间的对应关系

　　B. 可以简化总分类账的登记工作

　　C. 便于进行试算平衡

　　D. 适用于规模较大、业务较多的单位

23. 科目汇总表(　　)。

　　A. 按总账科目汇总编制　　　　　　B. 根据原始凭证归类编制

　　C. 可作为登记总账的依据　　　　　D. 起到试算平衡的作用

24. 账务处理程序的主要内容包括(　　)。

　　A. 会计凭证、会计账簿种类及格式　　B. 会计凭证与账簿之间的联系方法

　　C. 会计机构及会计岗位的设置　　　　D. 会计工作人员的职责

25. 在各账务处理程序中,原始凭证是(　　)的依据。

　　A. 编制汇总原始凭证　　　　　　　B. 登记日记账

　　C. 填制记账凭证　　　　　　　　　D. 登记明细账

三、判断题

1. 在采用记账凭证账务处理程序或汇总记账凭证账务处理程序或科目汇总表账务处理程序时,登记库存现金日记账和银行存款日记账的依据是一样的,都是收款凭证和付款凭证。(　　)

2. 科目汇总表账务处理程序,是以科目汇总表作为登记总账和明细账的依据。(　　)

3. 采用记账凭证账务处理程序时,总分类账是根据记账凭证逐笔登记的。(　　)

4. 采用汇总记账凭证账务处理程序的企业,为了便于转账凭证的汇总,只能编制一借一贷或一贷多借的转账凭证。(　　)

5. 设置账务处理程序是会计核算的基本方法之一。(　　)

6. 科目汇总表账务处理程序只适用于经济业务不太复杂的中小型单位。(　　)

7. 无论哪一种会计核算形式,都是根据原始凭证、汇总原始凭证和记账凭证,登记各种明细分类账。(　　)

8. 账务处理程序的主要内容就是建立凭证、账簿和报表组织体系。(　　)

9. 账务处理程序就是会计核算形式。(　　)

10. 记账凭证账务处理程序下,直接根据记账凭证登记总账,所以总分类账的登记工作非常简单,工作量相对比较小。(　　)

11. 科目汇总表账务处理程序就是汇总记账凭证账务处理程序,主要特点是简化了登记总账的工作量。(　　)

12. 汇总转账凭证通常是根据每一科目的贷方账户分别设置,并按与其对应的借方科目定期进行汇总归类。(　　)

13. 记账凭证账务处理程序的缺点是,总分类账不能详细反映交易或事项的发生情况,不便于分析、检查。（　）
14. 汇总记账凭证和科目汇总表编制的依据和方法是不相同的。（　）
15. 科目汇总表账务处理程序能够反映各会计科目之间的对应关系,便于根据账簿记录分析经济业务的来龙去脉。（　）
16. 科目汇总表账务处理程序的主要特点是根据记账凭证编制科目汇总表,并根据科目汇总表编制报表。（　）
17. 在科目汇总表账务处理程序下,科目汇总表既可以按月编制,也可以定期（10天、半个月）编制。（　）
18. 无论哪一种账务处理程序,期末都应该根据总分类账的记录编制会计报表。（　）
19. 科目汇总表账务处理程序不能反映账户的对应关系,不便于查对账目,适用于业务较多的单位。（　）
20. 科目汇总表账务处理程序是在记账凭证账务处理程序的基础上发展和演变而来的。（　）
21. 汇总记账凭证账务处理程序的特点是每年根据各种记账凭证编制有关汇总记账凭证。（　）
22. 在科目汇总表账务处理程序下,总分类账要采用设立"对方科目"栏的借、贷、余三栏式账页。（　）
23. 记账凭证账务处理程序由于它的简单明了,多适用于规模较小、经济业务量少的单位。（　）
24. 企业提高会计核算质量,充分发挥会计工作效能的一个重要前提,就是选用适当的账务处理程序。（　）
25. 库存现金日记账和银行存款日记账无论在何种账务处理程序下,都是根据收、付款凭证逐日逐笔登记的。（　）

第十章 会计工作组织

第一部分 知识点回顾

一、会计工作组织概述

(一) 会计工作组织的内容

为了更好地完成会计工作的任务,发挥会计在经济管理中的积极作用,每一个单位都必须结合本单位的特点和会计工作的具体情况,合理组织本单位的会计工作。会计工作组织包括会计机构的设置、会计人员的配备及岗位责任、会计法规和会计制度的制定与执行、会计档案的保管。

(二) 会计工作组织应遵循的原则

要保证科学、有效地组织和管理会计工作,必须符合以下三项原则:统一性原则;适应性原则;效益性原则。

二、会计机构和会计人员

(一) 会计机构

由于企事业单位规模和经营管理的特点不同,会计机构的设置和会计机构的内部组织形式都不可能完全相同,具体内容如表10-1所示。

(二) 会计人员

1. 会计人员的范围

会计人员是指具备了会计的专门知识和技能,并从事会计工作的专业技术人员,主要从事的会计工作包括:出纳;稽核;资产、负债和所有者权益(净资产)的核算;收入、费用(支出)的核算;财务成果的核算;财务会计报告(决算报告)编制;会计监督;会计机构内会计档案管理;其他会计工作。

表 10-1　　　　　　　　　会计机构的设置与内部组织形式

项　目	内　容	关注事项
会计机构的设置	▲ 单独设置会计机构 ▲ 不能单独设置会计机构时,则在有关机构中设置会计人员并指定会计主管人员 ▲ 不具备设置条件的,则委托经批准设立从事会计代理记账业务的中介机构代理记账	一个单位是设置财务会计机构还是在有关机构中设置专职的会计人员,由各单位根据实际需要确定
会计机构的内部组织形式	集中核算组织形式	▲ 各单位可以根据本单位的实际情况选择使用相应的组织形式 ▲ 无论采用哪种组织形式,企业的库存现金、银行存款的收支以及债权、债务的结算都应由单位财会部门集中核算
	非集中核算组织形式	

2. 会计工作岗位

各单位应当根据会计业务需要设置会计工作岗位。会计工作岗位一般可分为：会计机构负责人或会计主管,出纳,财产物资核算,工资核算,财务成果核算,资金核算,往来结算,总账报表,稽核,档案管理等。开展会计电算化和管理会计的单位,可以根据需要设置相应工作岗位,也可以与其他工作岗位相结合。

会计工作岗位,可以一人一岗,也可以一人多岗或一岗多人,但出纳人员不得兼管稽核、会计档案保管和收入、费用、债权债务的登记工作。会计人员的工作岗位应当有计划地进行轮换。档案管理部门的人员管理会计档案,不属于会计岗位。

3. 会计人员的职责和权限

会计人员的职责和权限如表 10-2 所示。

表 10-2　　　　　　　　　　会计人员的职责和权限

	职　责	权　限
会计人员	▲ 进行会计核算 ▲ 实行会计监督 ▲ 拟订本单位办理会计事务的具体办法 ▲ 办理其他会计事项	▲ 督促本单位有关部门严格遵守国家财经纪律和财务会计制度 ▲ 有权参与企业的各种管理活动,了解企业的生产经营情况,并提出自己的建议 ▲ 有权对本单位各部门进行会计监督

4. 会计专业技术职务与会计专业技术资格

会计专业技术职务与会计专业技术资格如表 10-3 所示。

5. 会计职业道德

《会计法》规定,会计人员应当遵守职业道德,提高业务素质。会计职业道德的内容主要包括坚持诚信,守法奉公;坚持准则,守责敬业;坚持学习,守正创新。

表 10-3　　　　　　　　会计专业技术职务与会计专业技术资格

会计专业技术资格	考试制度	职务级别		会计专业技术职务
初级资格	全国统一考试	初级职务		助理会计师
中级资格		中级职务		会计师
高级资格	考试与评审相结合	高级职务	副高级	高级会计师
	评审		正高级	正高级会计师

三、会计法规体系

会计法规是调整会计关系、规范会计活动的法规文件,是制定其他一切会计规章制度的法律依据。我国会计法规体系按权威性和法律效力区分,可分为四个层次,如表 10-4 所示。

表 10-4　　　　　　　　我国会计法规体系的构成

形　式	制定机关	举　例
会计法律	全国人民代表大会及其常务委员会	《中华人民共和国会计法》 《中华人民共和国注册会计师法》
会计行政法规	国务院	《总会计师条例》 《企业财务会计报告条例》
会计部门规章	财政部以及其他相关部委	《企业会计准则》 《政府会计准则》 《小企业会计准则》 《企业会计制度》 《会计基础工作规范》 《会计信息化工作规范》
地方性会计法规	省、自治区、直辖市人民代表大会或常务委员会	《天津市代理记账管理办法》 《辽宁省会计管理条例》

四、会计档案

会计档案是指单位在进行会计核算等过程中接收或形成的,记录和反映单位经济业务事项的,具有保存价值的文字、图表等各种形式的会计资料,包括通过计算机等电子设备形成、传输和存储的电子会计档案。各单位的预算、计划、制度等文件材料属于文书档案,不属于会计档案。会计档案的有关规定如表 10-5 所示。

表 10-5　　　　　　　　　　　会计档案

项　目		关注事项
内容		▲ 会计凭证 ▲ 会计账簿 ▲ 财务会计报告 ▲ 其他会计资料 ▲ 电子会计档案
管理	归档	▲ 单位的会计机构或会计人员所属机构(以下统称单位会计管理机构)按照归档范围和归档要求,负责定期将应当归档的会计资料整理立卷,编制会计档案保管清册 ▲ 当年形成的会计档案,在会计年度终了后,可由单位会计管理机构临时保管1年,再移交单位档案管理机构保管 ▲ 出纳人员不得兼管会计档案的保管
	保管	▲ 会计档案的保管期限分为永久保管和定期保管两类 ▲ 定期保管期限一般为 10 年和 30 年,时间从会计年度终了后的第一天算起
	查阅和复制	单位保存的会计档案一般不得对外借出
	移交	▲ 单位会计管理机构在办理会计档案移交时,应当编制会计档案移交清册 ▲ 交接时,由交接双方的单位有关负责人负责监督(监交) ▲ 交接完毕后,交接双方经办人和监督人应当在会计档案移交清册上签名或盖章
	销毁	▲ 单位档案管理机构编制会计档案销毁清册 ▲ 单位档案管理机构负责组织会计档案销毁工作,并与会计管理机构共同派员监销 ▲ 保管期满但未结清的债权债务会计凭证和涉及其他未了事项的会计凭证不得销毁

第二部分　单　元　自　测

一、单项选择题

1. 总会计师在(　　)领导下,主管经济核算和财务会计工作。
   A. 单位负责人　　　　　　　　　　　B. 注册会计师
   C. 财务部门负责人　　　　　　　　　D. 部门经理

2. 不具备单独设置会计机构条件的单位,应当在有关机构中配备专职会计人员,并且应当在专职会计人员中指定(　　)人员。
   A. 工资会计　　　　　　　　　　　　B. 出纳
   C. 固定资产会计　　　　　　　　　　D. 会计主管人员

3. 会计人员的职责不包括(　　)。

A. 进行会计核算 B. 实行会计监督
C. 编制预算 D. 决定经营方针

4. 《会计法》规定，各单位应依据（　　）设置会计机构，或者在有关机构中设置会计人员并指定会计主管人员。
A. 单位营业收入 B. 会计人员数量
C. 会计业务的需要 D. 单位的规模

5. 下列会计档案中，（　　）应该永久保存。
A. 总账 B. 年度财务报表
C. 原始凭证 D. 记账凭证

6. "三坚"中的"坚持诚信"要求会计人员（　　）。
A. 仅对税务机关诚实 B. 按领导要求修改数据
C. 对所有利益相关方保持诚实守信 D. 选择性披露财务信息

7. 下列各项中，不属于会计人员专业技术职务的是（　　）。
A. 高级会计师 B. 总会计师
C. 会计师 D. 助理会计师

8. 企业记账凭证的保管期限是（　　）。
A. 30年 B. 5年
C. 10年 D. 永久

9. 下列各项中，不属于会计档案的是（　　）。
A. 会计档案移交清册 B. 会计档案保管清册
C. 会计档案销毁清册 D. 月度财务计划

10. 下列各项中，属于会计行政法规的是（　　）。
A. 《会计法》 B. 《企业财务会计报告条例》
C. 《会计基础工作规范》 D. 《企业会计制度》

11. 会计档案保管期限分为永久和定期两类。下列属于企业永久性保管的会计档案是（　　）。
A. 原始凭证 B. 会计档案保管清册
C. 总账 D. 会计移交清册

12. "三守"中的"守法纪"主要指遵守（　　）。
A. 仅《会计法》 B. 行业惯例
C. 企业内部规章制度 D. 会计法规与相关法律法规

13. 会计档案保管期限分为永久和定期两类。定期保管的会计档案，其最长期限是（　　）。
A. 10年 B. 15年
C. 25年 D. 30年

14. 下列各项中，不属于会计工作岗位的是（　　）。

A. 会计机构负责人 B. 财产物资核算
C. 内部审计 D. 会计档案管理

15. 在下列账目中,出纳人员可以登记的是( )。
    A. 收入明细账 B. 费用明细账
    C. 固定资产明细账 D. 债权债务明细账

16. 下列关于会计档案管理的表述中,正确的是( )。
    A. 出纳人员可以兼管会计档案
    B. 会计档案的定期保管期限一般分为 10 年和 30 年
    C. 在会计档案销毁后,单位负责人、档案管理机构负责人、会计管理机构负责人在会计档案销毁清册上签署意见
    D. 电子会计档案的销毁应由单位档案管理机构、会计管理机构共同派员监销

17. 下列关于会计机构设置的表述中,不正确的是( )。
    A. 各单位根据业务的需要设置会计机构
    B. 可以不设置会计机构,在有关机构中设置会计人员并指定会计主管人员
    C. 不具备设置条件的,应当委托经批准从事会计代理记账业务的中介机构代理记账
    D. 企业必须设置会计机构

18. "三坚三守"中"坚守"不包括( )。
    A. 坚守诚信 B. 坚守利益 C. 坚守准则 D. 坚守责任

19. 会计法律制度中层次最高的法律规范是( )。
    A. 宪法 B. 会计法
    C. 企业会计准则 D. 会计基础工作规范

20. 当年形成的会计档案,在会计年度终了后,可由单位会计管理机构临时保管的期限为( )。
    A. 半年 B. 一年 C. 二年 D. 三年

二、多项选择题

1. 会计工作组织的工作内容包括( )。
   A. 会计机构的设置 B. 会计人员的配备
   C. 会计制度的制定 D. 会计制度的执行

2. 下列有关"三坚三守"的说法中,正确的有( )。
   A. "坚持诚信,守法奉公"是对会计人员的自律要求
   B. "坚持准则,守责敬业"是对会计人员的履职要求
   C. "三坚三守"是对会计人员职业道德要求的集中表达
   D. "坚持学习,守正创新"是对会计人员的发展要求

3. 一个单位是否需要设置会计机构,一般取决于( )。
   A. 单位规模的大小 B. 会计核算方法

C. 经营管理的需要　　　　　　　　D. 经济业务和财务收支的繁简
4. 下列选项中关于会计工作岗位表述正确的是（　　）。
   A. 一人一岗　　　　　　　　　　B. 多岗多人
   C. 一人多岗　　　　　　　　　　D. 一岗多人
5. 会计人员的职责包括（　　）。
   A. 进行会计核算　　　　　　　　B. 实行会计监督
   C. 拟订本单位会计事务的具体办法　D. 进行内部审计
6. 我国会计专业技术职务分别规定为（　　）。
   A. 高级会计师　　　　　　　　　B. 会计师
   C. 注册会计师　　　　　　　　　D. 助理会计师
7. 下列各项中，属于会计档案的有（　　）。
   A. 会计凭证　　　　　　　　　　B. 会计账簿
   C. 生产计划　　　　　　　　　　D. 银行存款余额调节表
8. 各种会计档案按其特点进行分类，可以分为（　　）。
   A. 永久保管档案　　　　　　　　B. 临时保管档案
   C. 定期保管档案　　　　　　　　D. 报表类保管档案
9. 会计档案的定期保管期限有（　　）年。
   A. 30　　　　　　　　　　　　　B. 15
   C. 10　　　　　　　　　　　　　D. 20
10. 下列项目中，属于我国会计法规体系组成部分的有（　　）。
    A.《会计法》　　　　　　　　　B. 会计准则
    C. 各项具体会计制度　　　　　　D. 会计组织
11. 下列各项中，属于会计档案的有（　　）。
    A. 公司的工作制度　　　　　　　B. 原始凭证
    C. 月度财务计划　　　　　　　　D. 会计移交清册
12. 各基层单位销毁会计档案时，应由（　　）派人监销。
    A. 上级主管部门　　　　　　　　B. 同级财政部门
    C. 本单位财会部门　　　　　　　D. 本单位档案部门
13. 下列关于会计人员工作交接的说法中，正确的有（　　）。
    A. 移交人员办理交接前应做好充分的准备工作，如在本月最后一笔余额后加盖自己的印章等
    B. 接替人员对所接受的相关资料应对照移交清册逐项点收
    C. 办理会计工作交接时，必须由专人负责监交
    D. 没有办清工作交接手续，不得调动或离职
14. 会计档案一般分为（　　）。
    A. 会计凭证类　　　　　　　　　B. 会计账簿类

C. 财务会计报告类　　　　　　　　D. 其他会计资料类

15. 下列会计档案中,最低保管期限为10年的有(　　)。

    A. 月度、季度、半年度财务报告

    B. 银行存款余额调节表

    C. 总账

    D. 原始凭证

16. 下列各项中,属于出纳人员不得兼管的工作是(　　)。

    A. 稽核　　　　　　　　　　　　B. 会计档案保管

    C. 收入、费用账目登记　　　　　D. 债权债务账目登记

17. 下列各项中,属于会计工作岗位的有(　　)。

    A. 工资核算岗位　　　　　　　　B. 出纳岗位

    C. 成本核算岗位　　　　　　　　D. 单位内部审计岗位

18. 下列会计档案中,保管期限为永久的有(　　)。

    A. 会计档案保管清册

    B. 会计档案移交清册

    C. 会计档案鉴定意见

    D. 会计档案销毁清册

19. 不得销毁会计档案的情况有(　　)。

    A. 保管期未满

    B. 正在项目建设期间的建设单位,会计档案的保管期已满

    C. 未结清的债权债务的原始凭证

    D. 未了事项的原始凭证

20. 企业会计准则体系包括(　　)。

    A. 基本准则

    B. 具体准则

    C. 小企业会计准则

    D. 企业财务通则

三、判断题

1. 会计行政法规依据会计法律和会计规章制度制定,如财政部发布的《总会计师条例》《企业财务会计报告条例》。　　　　　　　　　　　　　　　　　　(　　)
2. 会计档案销毁清册应当保存25年。　　　　　　　　　　　　　　　　　(　　)
3. 我国的会计法规制度体系由三个层次构成,即《会计法》、会计准则和企业财务通则。　　　　　　　　　　　　　　　　　　　　　　　　　　　　　　(　　)
4. 非集中核算组织形式适用于大中型企业和单位。　　　　　　　　　　　(　　)
5. 总会计师属于会计专业高级技术职务。　　　　　　　　　　　　　　　(　　)
6. 会计档案永远不得销毁。　　　　　　　　　　　　　　　　　　　　　(　　)

7. 各单位应当根据会计业务的需要,可以不设置会计机构,而在有关机构中设置会计人员并指定会计主管人员。（ ）
8. 银行存款余额调节表不属于会计凭证,因而也就不属于会计档案。（ ）
9. 会计核算组织形式包括集中核算组织形式和非集中核算组织形式。（ ）
10. 根据《会计人员职业道德规范》,"三坚三守"中的"三守"是指保守商业机密、遵守考勤制度、守住个人财产。（ ）
11. 会计人员因病不能工作的,可以不与接管人员办理工作交接。（ ）
12. 移交人员因病或其他特殊原因不能亲自办理移交手续的,经负责人批准,可不办理移交手续。（ ）
13. 单位保存的会计档案一般不得对外借出。（ ）
14. 没有设置会计记账机构或配备会计人员的单位,可以根据《代理记账管理办法》委托会计师事务所进行代理记账。（ ）
15. 某单位出纳员王某因工作变动需要办理移交手续,主办会计李某负责监交。（ ）
16. 我国会计档案管理办法规定,所有会计账簿的保管期限均为30年。（ ）
17. 会计档案的保管期限,从会计年度终了后的第一天算起。（ ）
18. 依法应当设置会计机构但不具备设置会计机构或会计人员条件的单位,应当委托经批准设立从事会计代理记账业务的中介机构代理记账。（ ）
19. 使用电子计算机进行会计核算的,其软件及其生成的会计资料也必须符合国家统一的会计制度的规定。（ ）
20. 在会计档案正式移交档案管理部门之前,会计机构内负责会计档案管理工作的岗位,也不属于会计岗位。（ ）

四、实务题

会计档案保管年限配对资料如表10-6所示。

表10-6　　　　　　　　　会计档案保管年限配对表

档案名称	保管年限
原始凭证 记账凭证 总账 明细账 日记账	10年
月度、季度、半年度财务报告 会计档案保管清册 银行存款余额调节表 会计档案销毁清册	30年
银行对账单 会计档案移交清册 会计档案鉴定意见书 年度财务报告	永久

《基础会计》期末考试模拟试卷一

一、单项选择题(每小题1分,共10分)

1. 1494年,卢卡·帕乔利所著的(　　)一书问世,为复式簿记作为一种科学记账方法的完善及其在整个欧洲及世界范围内的普及与应用奠定了基础。
   A. 计算与记录详论　　　　　　　　B. 复式簿记
   C. 会计思想史　　　　　　　　　　D. 算术、几何、比及比例概要

2. 某企业月初资产总额1 000万,负债总额200万,本月发生以下交易与事项:①向银行借款100万元存入银行;②用银行存款偿还应付账款50万元。则月末所有者权益总额为(　　)。
   A. 900万元　　　　　　　　　　　 B. 800万元
   C. 850万元　　　　　　　　　　　 D. 115万元

3. 某企业1月份发生下列支出:①支付本年第一季度财产保险费2 400元;②支付上一年第四季度利息3 000元;③支付本年度报纸杂志费6 000元。则权责发生制下本月费用应负担(　　)元。
   A. 3 000　　　　　　　　　　　　 B. 1 300
   C. 8 400　　　　　　　　　　　　 D. 11 400

4. 账户发生额试算平衡公式存在的依据是(　　)。
   A. 借贷记账法的记账规则　　　　　B. 经济业务的内容
   C. 静态会计方程式　　　　　　　　D. 动态会计方程式

5. 下列费用中,不应计入产品成本的是(　　)。
   A. 直接材料费　　　　　　　　　　B. 直接人工费
   C. 期间费用　　　　　　　　　　　D. 制造费用

6. 下列账户中不可能与"制造费用"账户发生对应关系的账户是(　　)。
   A. "原材料"　　　　　　　　　　　B. "累计折旧"
   C. "应付职工薪酬"　　　　　　　　D. "库存商品"

7. "库存商品"的相关明细账,其账页格式采用(　　)。
   A. 三栏式　　　　　　　　　　　　B. 数量金额式
   C. 多栏式　　　　　　　　　　　　D. 订本式

8. 企业在对各项财产物资进行财产清查后,依据财产物资的盘点结果编制的,可据以调整账簿记录的原始凭证是(　　)。
   A. 银行存款余额调节表　　　　　　B. 实存账存对比表
   C. 盘存单　　　　　　　　　　　　D. 入库单

9. "累计折旧"账户属于(　　)类账户。
   A. 资产　　　　　　　　　　　　　B. 负债
   C. 费用　　　　　　　　　　　　　D. 成本

10. 下列引起资产和负债同时减少的经济交易与事项是(　　)。
    A. 以银行存款购入材料一批　　　　B. 以银行借款偿还应付账款
    C. 将现金存入银行　　　　　　　　D. 以银行存款偿还银行借款

得分	评卷人

二、多项选择题(每小题 2 分,共 20 分,选一个、多选、错选均不得分,漏选得 1 分)

1. 下列会计基本假设中,属于会计主体的有(　　)。
   A. 独立法人　　　　　　　　　　　B. 非法人企业
   C. 单一企业　　　　　　　　　　　D. 多个企业组成的企业集团

2. 下列各项中,属于会计中期的会计期间有(　　)。
   A. 年度　　　　　　　　　　　　　B. 半年度
   C. 季度　　　　　　　　　　　　　D. 月度

3. 下列错误中,不能够通过试算平衡查找的有(　　)。
   A. 重记经济业务　　　　　　　　　B. 漏记经济业务
   C. 借贷方向相反　　　　　　　　　D. 借贷金额不等

4. 企业购入材料一批,货款已支付,材料已验收入库,则应编制的全部会计凭证有(　　)。
   A. 收料单　　　　　　　　　　　　B. 转账凭证
   C. 收款凭证　　　　　　　　　　　D. 付款凭证

5. 期末,(　　)账户的余额能转入"本年利润"账户。
   A. "资产减值损失"　　　　　　　　B. "财务费用"
   C. "投资收益"　　　　　　　　　　D. "制造费用"

6. 会计上允许使用的错账更正方法有(　　)。
   A. 划线更正法　　　　　　　　　　B. 补充登记法
   C. 红字更正法　　　　　　　　　　D. 刮擦挖补

7. 下列各项中,属于外来原始凭证的有(　　)。
   A. 飞机票　　　　　　　　　　　　B. 收款方开具的收据
   C. 产品入库单　　　　　　　　　　D. 购货发票

8. 下列各项中,适合采用多栏式账页进行明细分类核算的有(　　)。

A. 固定资产明细账 B. 管理费用明细账
C. 应付账款明细账 D. 制造费用明细账

9. 编制财务报表的目的是向( )等财务报表的使用者提供全面、系统的财务会计信息。
A. 投资者 B. 债权人
C. 政府及相关机构 D. 社会公众

10. 下列各项资产中,采用实地盘点法的清查对象有( )。
A. 库存现金 B. 银行存款
C. 应收账款 D. 库存商品

三、判断题(每小题 1 分,共 10 分,正确的打"√",错误的打"×")

1. 管理会计的产生是会计发展史上的第四个里程碑。 ( )
2. 企业不拥有所有权的物资一定不是企业的资产。 ( )
3. "生产成本"账户的期末借方余额,表示期末结存的在产品成本。 ( )
4. 所有的记账凭证都必须附有原始凭证,否则不能作为记账的依据。 ( )
5. 账户的余额方向是账户减少的方向。 ( )
6. 记账凭证账务处理程序适合于任何一种企业。 ( )
7. 在借贷记账法下,损益类账户的借方登记增加数,贷方登记减少数,期末一般无余额。 ( )
8. 任何明细会计科目都对应着一个总分类会计科目。 ( )
9. 产品完工入库业务编制的会计分录为:借记"库存商品"账户,贷记"主营业务成本"账户。 ( )
10. 现金存入银行,为避免重复记账,只编制现金付款凭证,不编制银行存款的收款凭证。 ( )

四、业务题(第 1 题 9 分,第 2 题 21 分,第 3 题 30 分,共 60 分)

1. 大生公司 202×年 11 月银行存款日记账 20 日至 30 日的所列经济业务如下:
   (1) 20 日,开出支票♯09565,支付购入材料的货款 1 500 元。
   (2) 21 日,存入销货款转账支票 2 400 元。
   (3) 24 日,开出支票♯09566,支付购料运杂费 700 元。
   (4) 26 日,开出支票♯09567,支付下季度的房租 1 800 元。
   (5) 27 日,收到销货款转账支票 13 700 元。
   (6) 30 日,开出支票♯09568,支付日常零星费用 1 000 元。

(7) 30 日,银行存款日记账余额 40 000 元。

银行对账单所列支 20 日至 30 日经济业务如下:
(1) 20 日,结算银行存款利息 700 元。
(2) 22 日,收到企业开出支票♯09565,金额为 1 500 元。
(3) 24 日,收到销售款转账支票 2 400 元。
(4) 26 日,银行为企业代付水电费 1 300 元。
(5) 27 日,收到企业开出支票♯09566,金额为 700 元。
(6) 30 日,代收外地企业汇来货款 1 500 元。
(7) 30 日,银行对账单余额 30 000 元。

要求:根据以上资料,编制"银行存款余额调节表",填入表1内(1)~(8)处。

表 1　　　　　　　　　　银行存款余额调节表

202×年 11 月 30 日　　　　　　　　　　　　　　单位:元

项目	金额	项目	金额
银行存款日记账余额	(1)	银行对账单余额	(2)
加:银行已收企业未收款	(3)	加:企业已收银行未收款	(4)
减:银行已付企业未付款	(5)	减:企业已付银行未付款	(6)
调节后存款余额	(7)	调节后存款余额	(8)

2. 大生公司为增值税一般纳税人,该公司 202×年 7 月 1 日有关账户期初余额如表2所示。

表 2　　　　　　　　　　有关账户期初余额　　　　　　　　　　单位:元

资产	借方余额	贷方余额	权益	借方余额	贷方余额
库存现金	4 200		短期借款		162 000
银行存款	61 000		应付账款		37 000
其他货币资金	20 000		——C公司		63 000
应收账款	36 000		——D公司	26 000	
——甲公司	45 000		预收账款		17 000
——乙公司	12 000		——丁公司	22 000	
——丙公司		21 000	——戊公司		39 000
坏账准备		2 500	应付职工薪酬		12 700
——应收账款		2 200	应交税费		50 000
——其他应收款		300	应付股利		30 000

(续表)

资产	借方余额	贷方余额	权益	借方余额	贷方余额
预付账款	7 000		实收资本		400 000
——A公司	12 000		资本公积		42 000
——B公司		5 000	盈余公积		36 000
其他应收款	13 000		利润分配		
原材料	50 000		——未分配利润		66 000
库存商品	35 000				
生产成本	26 000				
固定资产	830 000				
累计折旧		260 000			
无形资产	45 000				
累计摊销		12 000			

假设7月发生如下经济业务：

(1) 2日，向D公司购买原材料，货款30 000元，增值税税额3 900元，材料验收入库，货款未付。

(2) 5日，向乙公司销售产品一批，售价25 000元，增值税税额3 250元，产品发出，货款已收存银行。该批产品成本为16 000元。

(3) 10日，生产产品领用原材料15 000元，车间领用原材料2 000元。

(4) 15日，计提车间固定资产折旧费12 000元，管理部门固定资产折旧费2 000元。

(5) 18日，以银行存款支付产品销售的场地租赁费5 000元。

(6) 26日，收回甲公司的前欠款45 000元。

(7) 31日，结转本期制造费用。

要求：

(1) 计算大生公司7月末资产负债表"货币资金"项目应填列的金额。

(2) 计算大生公司7月末资产负债表"存货"项目应填列的金额。

(3) 计算大生公司7月末资产负债表"应收账款"项目应填列的金额。

(4) 计算大生公司7月末资产负债表"预收账款"项目应填列的金额。

(5) 计算大生公司7月末资产负债表"应付账款"项目应填列的金额。

(6) 计算大生公司7月末资产负债表"预付账款"项目应填列的金额。

(7) 计算大生公司7月末资产负债表"未分配利润"项目应填列的金额。

3. 大生公司为增值税一般纳税人，202×年12月份发生以下经济业务：

(1) 从银行借入短期借款100 000元，已存入银行。

(2) 从红河公司购入 A、B 两种材料,增值税专用发票上列示,A 材料的买价为 10 000 元,增值税税额为 1 300 元,B 材料的买价为 20 000 元,增值税税额为 2 600 元,款项尚未支付,材料尚未入库。

(3) 车间及行政管理部门领用各种材料,其中生产甲产品领用 A 材料 12 000 元、B 材料 9 000 元,生产乙产品领用 A 材料 8 000 元、B 材料 21 000 元,车间管理部门领用 A 材料 2 000 元,行政管理部门领用 B 材料 6 000 元。

(4) 以银行存款支付本月水电费共计 8 000 元,其中生产车间耗用 6 000 元,行政管理部门耗用 2 000 元。

(5) 销售甲产品 20 件,售价每件 2 500 元,增值税税率 13%,款项尚未收到。

(6) 以现金 500 元支付销售上述产品的运费。

(7) 分配本月工资费用,其中生产甲产品工人的工资为 30 000 元,生产乙产品工人的工资为 20 000 元,车间管理人员的工资为 4 000 元,行政管理部门人员的工资为 6 000 元。

(8) 计提本月车间固定资产的折旧费为 8 000 元,行政管理部门的折旧费为 4 000 元。

(9) 计算并结转本月发生的制造费用,按照生产工人的工资为标准进行分配。

(10) 以银行存款支付产品的广告宣传费 2 000 元。

(11) 本月生产的甲、乙产品均已全部完工验收入库,结转完工产品成本。

(12) 结转当月已售产品的销售成本,甲产品的单位生产成本为 1 200 元。

(13) 计算本月应交的城建税 700 元,教育费附加 300 元。

(14) 结转当月的损益。

(15) 假设当年计算的应交所得税为 100 000 元,并予以结转。

(16) 假设全年的净利润为 1 000 000 元,结转本年净利润。

(17) 按净利润的 10% 提取法定盈余公积,并按净利润 20% 分配现金股利给企业的投资者。

(18) 将利润分配所属其他明细账户的余额进行结转。

要求:根据经济业务编制会计分录,应交税费写出明细科目。

《基础会计》期末考试模拟试卷二

得分	评卷人

一、单项选择题(本题型共10小题,每小题1分,共10分)

1. 企业于4月初用银行存款支付第二季度房租1 200元,4月末仅将其中的400元计入本月费用,这符合( )。
   A. 配比原则
   B. 权责发生制原则
   C. 收付实现制
   D. 历史成本计价原则

2. "生产成本"账户的期末余额表示( )。
   A. 应在下期分配的制造费用
   B. 生产过程中尚未完工的在产品成本
   C. 生产过程中未完工产品材料费用
   D. 生产过程中未完工产品的人工费用

3. 下列各项经济业务中,引起资产和权益同时减少的是( )。
   A. 以银行存款购入一辆价值6万元的汽车
   B. 接受甲企业投入的货币资金10万元
   C. 以应付票据抵付账款5万元
   D. 以银行存款偿还已到期的短期借款8万元

4. ( )是会计的最基本的职能。
   A. 会计控制
   B. 会计核算
   C. 会计监督
   D. 会计决策

5. 一般纳税人企业的"在途物资"账户借方记录采购过程中发生的( )。
   A. 采购材料的采购成本
   B. 采购人员的工资
   C. 采购材料的进项税额
   D. 采购人员的差旅费

6. 在采用专用记账凭证的企业中,从银行提取现金10 000元以备发放工资,应当填制( )。
   A. 银行存款付款凭证
   B. 库存现金收款凭证
   C. 银行存款付款凭证和库存现金收款凭证
   D. 转账凭证

7. 下列项目中,不应计入"财务费用"科目的是( )。
   A. 支付金融机构手续费
   B. 利息支出

C. 汇兑损失 D. 财务会计人员工资

8. 月末对"制造费用"进行分配并转账,应转入( )账户。
   A. "生产成本" B. "管理费用"
   C. "主营业务成本" D. "财务费用"

9. 下列各项中,不属于原始凭证的是( )。
   A. 银行存款余额调节表 B. 实存账存对比表
   C. 盘存单 D. 入库单

10. 下列各项中,填制资产负债表时不计入存货项目的是( )。
    A. 原材料 B. 库存商品
    C. 低值易耗品 D. 工程物资

二、多项选择题(本题型共 10 小题,每小题 2 分,共 20 分)

1. 下列会计等式中,正确的有( )。
   A. 资产＝权益
   B. 资产＝负债＋所有者权益
   C. 利润＝收入－费用
   D. 资产＝负债＋所有者权益＋(收入－费用)

2. 下列账户中,属于损益类账户的有( )。
   A. "所得税费用" B. "销售费用"
   C. "其他业务收入" D. "税金及附加"

3. 年末结账后,"利润分配"余额为零的明细账户包括( )。
   A. 提取法定盈余公积 B. 提取任意盈余公积
   C. 应付股利 D. 未分配利润

4. 企业购入材料一批,货款已支付,材料已验收入库,则应编制的全部会计凭证有( )。
   A. 收料单 B. 转账凭证
   C. 收款凭证 D. 付款凭证

5. 下列各项中,属于一次性原始凭证的有( )。
   A. 限额领料单 B. 领料单
   C. 购货发票 D. 销货发票

6. 在会计实务中,下列账簿通常采用订本式的有( )。
   A. 总分类账 B. 明细分类账
   C. 现金日记账 D. 银行存款日记账

7. 下列记账错误应采用红字更正法的有( )。

A. 记账以后,发现记账凭证中会计科目有误
B. 记账以后,发现记账凭证所列金额大于正确金额
C. 记账以后,发现记账凭证所列金额小于正确金额
D. 结账之前,发现账簿记录有文字错误,而记账凭证无错误

8. 在利润表中,一般应列入"税金及附加"项目的税金有( )。
   A. 消费税　　　　　　　　　　B. 增值税
   C. 城建税　　　　　　　　　　D. 教育费附加

9. 留存收益是企业历年实现的净利润留存于企业的部分,主要包括( )。
   A. 本年利润　　　　　　　　　B. 资本公积
   C. 盈余公积　　　　　　　　　D. 未分配利润

10. 损益类账户的结构特点有( )。
    A. 费用类账户的增加额记借方　　B. 收入类账户的减少额记借方
    C. 期末结转后无余额　　　　　　D. 期末要结转到"利润分配"

三、判断题(每小题1分,共10分,正确的打"√",错误的打"×")

1. 在采用专用记账凭证时,与货币资金收付无关的业务一律编制转账凭证。　( )
2. "累计折旧"是资产类账户,因此,当折旧增加时应记入"累计折旧"账户的借方。
   　　　　　　　　　　　　　　　　　　　　　　　　　　　　　　( )
3. 生产车间管理人员的工资属于管理性费用,不能计入产品成本。　　　　( )
4. 在不违反国家统一会计制度的前提下,明细会计科目可以根据企业内部管理的需要自行制定。　　　　　　　　　　　　　　　　　　　　　　　　( )
5. 会计科目与会计账户是同义词,两者没有什么区别。　　　　　　　　( )
6. 资产按流动性分为流动资产和固定资产。　　　　　　　　　　　　( )
7. 利用科目汇总表可以进行发生额试算平衡。　　　　　　　　　　　( )
8. 会计只能以货币为计量单位。　　　　　　　　　　　　　　　　　( )
9. 会计监督是一种事后监督。　　　　　　　　　　　　　　　　　　( )
10. 会计主体可以是独立法人,也可以是非法人。　　　　　　　　　　( )

四、计算题(本题型3小题,第1题4分,第2题10分,第3题10分,共24分)

1. A公司202×年9月30日银行存款日记账的余额为135 900元。银行对账单的余额为112 600元,经逐笔核对,发现以下未达账项:
   (1) 29日,开出转账支票12 480元购买电脑,企业已入账,银行尚未记账。
   (2) 30日,银行划付短期借款利息19 053元,付账通知尚未送达企业。

(3) 30 日,企业委托银行代收某公司购货款 18 600 元,银行已收妥入账,但企业尚未收到收款通知,尚未记账。

(4) 30 日,银行代扣企业水电费 21 327 元,银行已记账,企业尚未记账。

(5) 30 日,购货单位付给 A 公司销货款 14 000 元,企业已记账,银行尚未记账。

要求:根据以上资料编制银行余额调节表(表1)。

表 1　　　　　　　　　　　　银行余额调节表

202×年 9 月 30 日

项目	金额	项目	金额
银行存款日记账余额	(　)	银行对账单余额	(　)
加:银行已收,企业未收	(　)	加:企业已收,银行未收	(　)
减:银行已付,企业未付	(　)	减:企业已付,银行未付	(　)
调节后余额	(　)	调节后余额	(　)

2. 某企业 202×年 11 月份发生下列经济业务:

(1) 车间一般耗用材料 6 000 元。

(2) 车间计提固定资产折旧 4 000 元。

(3) 厂部管理部门计提固定资产折旧 200 元。

(4) 车间购买办公用品 3 000 元。

(5) 销售部门购买办公用品 800 元。

(6) 车间支付水电费 1 000 元。

(7) 车间工人工资分别为:甲产品工人工资 30 000 元,乙产品工人工资 10 000 元。

(8) 车间管理人员工资 6 000 元。

要求:归集本月发生的制造费用,按照生产工人工资比例分配本月发生的制造费用并做出分配时的会计处理。

(1) 归集制造费用。

(2) 计算分配率。

(3) 计算甲产品应分摊的制造费用。

(4) 计算乙产品应分摊的制造费用。

(5) 编制结转制造费用的会计分录。

3. 资料:南通顺发有限公司 202×年损益类账户发生额资料如表 2 所示。

表 2　　　　　　　　　　　　损益类账户发生额　　　　　　　　　　　　单位:元

科目名称	借　方	贷　方
主营业务收入		250 000
主营业务成本	150 000	

(续表)

科目名称	借　方	贷　方
税金及附加	3 000	
管理费用	21 200	
销售费用	2 800	
财务费用	2 500	
营业外收入		3 000
营业外支出	100	
其他业务收入		3 400
其他业务成本	4 500	
资产减值损失	800	

(注：该公司所得税率为25%，假设无其他纳税调整事项。)

要求：根据上述资料分别计算该公司在该会计期间内下列有关项目金额(要求列出计算过程)

(1) 营业收入＝

(2) 营业成本＝

(3) 营业利润＝

(4) 利润总额＝

(5) 净利润＝

得分	评卷人

五、核算题(根据经济业务编制会计分录，应交税费要写出具体明细科目，每题2分，共36分)

南通信合有限公司202×年6月份发生下列经济业务：

(1) 企业收到投入的机器设备1台，其价值为200 000元；无形资产一项，其价值为50 000元，收到的增值税专用发票注明增值税税额为29 000元。

(2) 由于经营资金短缺，从银行借入期限为6个月的借款20 000元，款项已经划入账户。

(3) 从汉芯公司购入甲、乙两种材料。甲材料5 000千克，单价12元，共计60 000元；乙材料2 500千克，单价4元，共计10 000元。增值税进项税额9 100元。上述款项已用银行存款支付，材料尚未到达。

(4) 企业以银行存款63 000元向B公司预付购买材料的货款。

(5) 企业为生产A、B产品和其他用途从仓库领用各种材料，具体情况如表3所示。

表3　　　　　　　　　　　　材料耗用汇总表

202×年6月30日　　　　　　　　　　　　　　　　　单位:元

用途	甲材料		乙材料		丙材料	
	数量	金额	数量	金额	数量	金额
生产产品用						
A产品	2 000	20 000	5 000	25 000		
B产品	400	4 000			600	6 000
小　计	2 400	24 000	5 000	25 000	600	6 000
车间一般耗用	200	2 000				
行政管理部门耗用					100	1 000
合　计	2 600	26 000	5 000	25 000	700	7 000

(6) 根据规定的固定资产折旧率计提本月固定资产折旧48 000元,其中生产车间提取固定资产折旧费38 000元,厂部办公楼计提折旧费10 000元。

(7) 向恒顺公司销售A产品150件,单价600元,增值税销项税额11 700元。款项已收存银行。

(8) 以银行存款支付产品展览费8 500元。

(9) 以银行存款2 500元支付税收滞纳金。

(10) 销售多余的丙材料100千克,每千克售价12元,增值税销项税额156元,货款存入银行。

(11) 按出售的丙材料实际成本结转成本,每千克成本10元。

(12) 以现金支付行政管理部门办公费800元。

(13) 计提本月短期借款利息2 000元。

(14) 财产清查中,发现库存甲材料盈余180千克,单价为40元。原因查明,为发出材料时计量不准而少发。

(15) 计算本月应交的城建税1 200元,教育费附加800元。

(16) 结转已销A产品的成本50 000元。

(17) 结转本月损益。

(18) 计算出本月应纳所得税为5 150元,计提所得税并予以结转。

(19) 结转净利润。

要求:根据资料编制上述经济业务的会计分录。

《基础会计》期末考试模拟试卷三

一、单项选择题(本题型共10小题,每小题1分,共10分)

1. 审核记账凭证时发现会计科目用错,尚未登记入账,正确的处理方法是( )。
   A. 划线更正法
   B. 补充登记法
   C. 红字更正法
   D. 重新填制一张记账凭证

2. 下列各项中,不属于原始凭证审核内容的是( )。
   A. 所记录的经济业务是否违反国家法律法规
   B. 所使用的会计科目是否符合企业会计准则等规定
   C. 所记录的经济业务是否符合企业生产经营活动的需要
   D. 凭证填制日期是否是经济业务发生或完成日期或相近

3. 企业以资本公积转增资本,该经济业务对会计要素的影响是( )。
   A. 资产内部有增有减
   B. 资产和所有者权益同时增加
   C. 负债和所有者权益同时增加
   D. 所有者权益内部有增有减

4. 收款凭证的左上角科目为( ),登记的科目是"库存现金"和"银行存款"。
   A. 贷方科目
   B. 固定资产科目
   C. 借方科目
   D. 流动资产科目

5. 企业生产产品验收入库时,该经济业务中与"库存商品"存在对应关系的账户是( )。
   A. "主营业务成本"
   B. "其他业务成本"
   C. "生产成本"
   D. "制造费用"

6. 下列错账查找方法中,主要用于查找重记或漏记借方或贷方金额的是( )。
   A. 差数法
   B. 除2法
   C. 除9法
   D. 尾数法

7. 乙公司向甲公司购买材料一批。乙公司在付款时发现,发票的正确金额应该是6 000元,甲公司却误填为60 000元。正确的做法是( )。
   A. 由甲公司更正,并在更正处加盖甲公司印章
   B. 由乙公司更正,并在更正处加盖乙公司印章
   C. 乙公司有权拒绝受理,由甲公司重新开具发票

D. 由甲公司重新开具发票

8. 在下列做法中,不属于企业用来进行期末存货盘存的做法是(　　)。
   A. 权责发生制
   B. 永续盘存制
   C. 账面盘存制
   D. 实地盘存制

9. 下列项目中,不得通过"应付账款"账户核算的是(　　)。
   A. 购入货物应负担的进项税额
   B. 购入货物的采购价款
   C. 由销货企业代垫的运杂费
   D. 违反购销合同应支付的罚款

10. 编制财务报表时,以"收入－费用＝利润"这一会计等式作为编制依据的财务报表是(　　)。
    A. 利润表
    B. 所有者权益变动表
    C. 资产负债表
    D. 现金流量表

二、多项选择题(本题型共 10 小题,每小题 2 分,共 20 分)

1. 下列凭证中,属于原始凭证的有(　　)。
   A. 银行收付款通知单
   B. 制造费用分配表
   C. 派工单
   D. 限额领料单

2. 下列做法不符合记账凭证填制要求的有(　　)。
   A. 填制库存现金收款凭证的日期时应当是按照所附原始凭证上注明的日期
   B. 涉及现金和银行存款之间的划转业务,为了避免重复,一般只填制收款凭证
   C. 出纳人员根据收款凭证收款或根据付款凭证付款后,为避免重复,应由出纳人员在凭证上划线注销
   D. 更正错误的记账凭证可以不附原始凭证

3. 下列关于可靠性要求的论述中,正确的有(　　)。
   A. 以实际发生的交易或事项为依据进行确认、计量
   B. 如实反映符合确认和计量要求的各项会计要素信息
   C. 保证企业提供的会计信息资料真实可靠,内容完整
   D. 会计信息质量可靠性要求是对会计工作的基本要求

4. 下列业务中,需要通过"待处理财产损溢"账户核算的有(　　)。
   A. 库存现金的短缺
   B. 存货的盘亏或毁损
   C. 无法收回的应收账款
   D. 固定资产的出售

5. 下列情况中,可能造成账实不符的有(　　)。
   A. 财产收发计量或检验不准
   B. 管理不善
   C. 未达账项
   D. 账簿记录发生差错

6. 下列各选项中,(　　)可以视为一个会计主体,但不是法人。

A. 企业内部部门 B. 分公司
C. 营业部 D. 生产车间

7. 记账凭证汇总表账务处理程序的特点主要表现在(　　)。
   A. 根据记账凭证定期编制科目汇总表
   B. 根据编制的科目汇总表据以登记总分类账
   C. 根据各种记账凭证编制汇总记账凭证
   D. 根据汇总记账凭证登记总分类账

8. 某公司经有关部门核定为一般纳税人,该企业购入乙材料一批不含增值税价款为10 000元。购入乙材料已经运抵并已验收入库,但发票等结算凭证尚未收到,货款尚未支付。月末该发票账单仍未收到,暂估价值为12 000元。该公司本月末和下月初应编制的会计分录有(　　)。
   A. 借：原材料——乙材料　　　　　　　　　　　　　　　10 000
       应交税费——应交增值税(进项税额)　　　　　　　　 1 300
           贷：应付账款——暂估应付款　　　　　　　　　　　　11 300
   B. 借：应付账款——暂估应付款　　　　　　　　　　　　11 300
           贷：原材料——乙材料　　　　　　　　　　　　　　　10 000
               应交税费——应交增值税(进项税额)　　　　　　　 1 300
   C. 借：原材料——乙材料　　　　　　　　　　　　　　　12 000
           贷：应付账款——暂估应付款　　　　　　　　　　　　12 000
   D. 借：应付账款——暂估应付款　　　　　　　　　　　　12 000
           贷：原材料——乙材料　　　　　　　　　　　　　　　12 000

9. 下列各项中,既影响企业营业利润又影响利润总额的有(　　)。
   A. 出租包装物取得的收入　　　　　　B. 经营租出固定资产的折旧额
   C. 接受公益性捐赠利得　　　　　　　D. 所得税费用

10. 下列选项中,不属于审核记账凭证内容的有(　　)。
    A. 经济业务是否符合国家有关政策的规定
    B. 凭证所列事项是否符合有关的计划、预算和合同等规定
    C. 经济业务是否符合生产经营活动的需要
    D. 科目是否正确

三、判断题(每小题1分,共10分,正确的打"√",错误的打"×")

1. 收入、费用和利润是反映企业经营成果的静态表现。　　　　　　　　　　　(　　)
2. 财务报表是根据总分类账、明细分类账和日记账的记录定期编制的。　　　 (　　)
3. 财产物资的永续盘存制和实地盘存制两种盘存制度,其确定本期减少数与期末结存

数的顺序相反。（   ）

4. 利润表"本期金额"栏内各项目数字，应当按相关账户的发生额分析填列。（   ）
5. 未达账项是指银行已经记账，而企业因未接到有关凭证而尚未记账的账项。（   ）
6. 根据账户记录编制试算平衡表，如果所有账户的借方发生额合计同所有账户的贷方发生额合计相等，也不能肯定账户记录一定无误。（   ）
7. 会计的监督职能是会计的最基本职能。（   ）
8. 财产清查是企业一项重要的管理制度，但不是会计核算的一种专门方法。（   ）
9. 局部清查一般适用于对流动性较大的财产物资和货币资金的清查。（   ）
10. 由于有了持续经营这个会计核算的基本前提，才产生了本期与非本期的区别，从而出现了权责发生制与收付实现制的区别。（   ）

四、计算题（本题型3小题，第1题6分，第2题6分，第3题10分，共22分）

1. 某企业202×年9月初有关账户余额为：库存现金1 300元（借方）、银行存款53 000元（借方）、原材料22 000元（借方）、库存商品20 000元（借方）、应收账款28 000元（借方）、固定资产140 000元（借方）、应付账款6 000元（贷方）、应交税费2 400元（贷方）、其他应付款900元（贷方）、短期借款100 000元（贷方）、实收资本150 000元（贷方）、盈余公积5 000元（贷方）。9月份部分账户发生额如表1所示。

表1   部分账户发生额   单位：元

账户名称	本期发生额	
	借方	贷方
库存现金	45 600	32 000
银行存款	153 000	127 000
原材料	46 000	50 000
库存商品	50 000	68 000
应收账款	28 000	40 000
固定资产	53 000	5 000
应付账款	30 000	25 000
应交税费	3 800	2 400
其他应付款	700	1 000

要求:
(1) 计算"银行存款"账户的期末余额。
(2) 计算"库存商品"账户的期末余额。
(3) 计算"应收账款"账户的期末余额。
(4) 计算"应付账款"账户的期末余额。
(5) 计算资产负债表中"货币资金"项目的期末余额。
(6) 计算资产负债表中"存货"项目的期末余额。

2. 东方公司4月份经济业务如下:
(1) 销售产品一批,价值56 000元,其中36 000元银行已收,另有20 000元尚未收到。
(2) 收到上月提供劳务的收入560元。
(3) 支付本月水电费680元。
(4) 预付下半年度房租1 800元。
(5) 支付上季度借款利息340元。
(6) 本月应计劳务收入890元。
(7) 预收销货款24 000元。
(8) 本月负担年初已支付的保险费210元。
(9) 上月预收货款的主营业务收入本月实现18 900元。
(10) 本月负担下月即将支付的修理费150元。

要求:
(1) 按收付实现制,列表计算4月份的收入、费用和利润。
(2) 按权责发生制,列表计算4月份的收入、费用和利润。

3. 新华公司202×年11月份各损益类账户发生额如表2所示。

表2　　　　　　　　　　损益类账户发生额表　　　　　　　　　单位:元

账户	借方	贷方	账户	借方	贷方
主营业务收入		90 000	其他业务收入		3 000
主营业务成本	50 000		其他业务成本	1 000	
税金及附加	4 500		投资收益		1 500
销售费用	2 000		营业外收入		3 500
管理费用	8 500		营业外支出	1 800	
财务费用	2 000				
其中:利息支出	2 000				

要求:根据上述资料,计算新华公司202×年11月的营业收入、营业利润、利润总额、所得税费用和净利润(假定无纳税调整事项)。

五、实务题（本题型 3 小题，第 1 题 18 分，第 2 题 10 分，第 3 题 10 分，共 38 分）

1. 202×年 9 月 1 日大华公司"原材料"总分类账期初余额 150 000 元，其所属明细分类账记录如下：丙材料 100 吨、每吨 1 000 元，共 100 000 元；丁材料 500 件、每件 100 元，共 50 000 元。9 月份发生下列经济业务：

   (1) 12 日，购入丙材料 60 吨、每吨 1 000 元；购入丁材料 300 件、每件 100 元。增值税税率 13%。价税款均未支付，材料已验收入库。

   (2) 31 日，生产甲产品领用丙材料 120 吨，领用丁材料 600 件。

   要求：

   (1) 根据上述经济业务编制会计分录。

   (2) 根据上述资料对"原材料"总分类账（表 3）和所属明细分类账（表 4 和表 5）进行平行登记。

表 3　　　　　　　　　　　　　　　总分类账

会计科目：原材料

年		凭证		摘要	借方	贷方	借或贷	余额
月	日	字	号					
				月初余额				
				购入				
				领用				
				本月发生额及余额				

表 4　　　　　　　　　　　　　　原材料明细分类账

库存商品名称：丙材料　　　　　　　　　　　　　　　　　　　　　　　　计量单位：吨

年		凭证		摘要	收入			发出			结存		
月	日	字	号		数量	单价	金额	数量	单价	金额	数量	单价	金额

表5　　　　　　　　　　　原材料明细分类账

库存商品名称：丁材料　　　　　　　　　　　　　　　　　　　计量单位：件

年		凭证		摘要	收入			发出			结存		
月	日	字	号		数量	单价	金额	数量	单价	金额	数量	单价	金额

2. 津北公司202×年发生如下经济业务：

(1) 1月1日，借入一笔短期借款，共计480 000元，期限6个月，年利率4%，该借款的本金到期后一次归还，利息按月计提，按季支付。

(2) 7月1日，上述借款到期，归还本金。

(3) 8月1日，接受乙公司投入的货币资金2 000 000元，款项已存入银行。

(4) 9月1日，接受丁公司投入的商标使用权，合同约定该商标使用权的价值为200 000元，增值税进项税额12 000元。合同约定的商标使用权的价值与公允价值相符。

要求：

(1) 编制该公司取得短期借款时的会计分录。

(2) 编制甲公司1月末计提利息时的会计分录。

(3) 编制甲公司7月1日到期归还本金时的会计分录。

(4) 编制甲公司接受乙公司投资的会计分录。

(5) 编制甲公司接受丁公司投资的会计分录。

3. 某企业查账时发现下列错账：

(1) 向银行提取现金3 500元，过账后，原记账凭证没错，账簿错将金额记为5 300元。

(2) 接受某企业固定资产投资，评估价值为70 000元，查账时发现凭证与账簿均记为：

借：固定资产　　　　　　　　　　　　　　　　　　　　70 000
　　贷：资本公积　　　　　　　　　　　　　　　　　　　　　　70 000

(3) 用银行存款50 000元购入原材料，查账时发现凭证与账簿均记为：

借：原材料　　　　　　　　　　　　　　　　　　　　　5 000
　　贷：银行存款　　　　　　　　　　　　　　　　　　　　　　5 000

(4) 以银行存款偿还短期借款4 000元，查账时发现凭证和账簿中科目均没有记错，但金额均记为40 000元。

（5）以一张商业承兑汇票抵付应付账款，查账时发现科目没错，但凭证和账簿均多记54 000元。

要求：根据上述经济业务，判断应该采用何种错账更正方法，并指出如何进行错账的更正。

《基础会计》期末考试模拟试卷四

得分	评卷人

一、单项选择题(本题型共10小题,每小题1分,共10分)

1. 库存现金在盘点后应编制(　　)。
   A. 实存账存对比表　　　　　　　　B. 库存现金盘点报告表
   C. 余额调节表　　　　　　　　　　D. 对账单

2. 在编制余额试算平衡表时,不会涉及的账户类别是(　　)。
   A. 资产类账户　　　　　　　　　　B. 成本类账户
   C. 所有者权益类账户　　　　　　　D. 损益类账户

3. 汇总记账凭证账务处理程序与科目汇总表账务处理程序的相同点是(　　)。
   A. 登记总账的依据相同
   B. 记账凭证的汇总方法相同
   C. 保持了账户之间的对应关系
   D. 简化了登记总账的工作量

4. 某公司资产总额为60 000元,负债总额为30 000元,以银行存款20 000元偿还短期借款,并以银行存款15 000元购买设备,则上述业务入账后该公司的资产总额为(　　)。
   A. 30 000元　　　　　　　　　　　B. 40 000元
   C. 25 000元　　　　　　　　　　　D. 15 000元

5. 对于大量成堆难以逐一清点的财产物资的清查,一般采用(　　)法进行清查。
   A. 实地盘点　　　　　　　　　　　B. 抽查检验
   C. 查询核对　　　　　　　　　　　D. 技术推算

6. 对账时,账账核对不包括(　　)。
   A. 总账有关账户的余额核对　　　　B. 总账与明细账之间的核对
   C. 总账与备查簿之间的核对　　　　D. 总账与日记账的核对

7. 管理部门当月购进办公用品若干,经办人员不慎将原始凭证发票遗失,你作为会计人员应该(　　)。
   A. 不予办理报销手续
   B. 在其取得原提供单位注明原始凭证的号码、金额、内容并加盖公章的证明后由本

单位会计机构负责人、会计主管人员和单位负责人批准后,给予报销

C. 由当事人写明详细情况,相关人员证明后,给予报销

D. 责成经办人员取得原供货单位加盖公章的证明并经会计主管人员审查属实后,给予报销

8. 将每一相关的业务登记在一行,从而可依据每一行各个栏目的登记是否齐全来判断该项业务进展情况的明细分类账格式属于(　　)。

  A. 三栏式   B. 多栏式

  C. 数量金额式   D. 横线登记式

9. 下列关于借贷记账法的说法中,错误的是(　　)。

  A. 以"借"和"贷"为记账符号

  B. 以"资产＝负债＋所有者权益"为记账原理

  C. 以"有借必有贷、借贷必相等"为记账规则

  D. 无论哪种账户,借方表示增加,贷方表示减少

10. 下列关于会计凭证的保管的说法中,不正确的是(　　)。

  A. 会计凭证应定期装订成册,防止散失

  B. 会计主管人员和保管人员应在封面上签章

  C. 原始凭证不得外借,其他单位如有特殊原因确实需要使用时,经本单位会计机构负责人、会计主管人员批准,可以复制

  D. 经单位领导批准,会计凭证在保管期满前可以销毁

二、多项选择题(本题型共 10 小题,每小题 2 分,共 20 分)

1. 下列各项中,属于一次原始凭证的有(　　)。

  A. 收料单   B. 销货发票

  C. 借款单   D. 限额领料单

2. 下列经济业务中,同时涉及两个资产类科目,其中一个记增加,另一个记减少的有(　　)。

  A. 以银行存款购买原材料   B. 以银行存款归还前欠货款

  C. 收到其他单位还来的前欠货款   D. 从银行提取现金

3. 下列可作为原始凭证,据以调整账簿记录的有(　　)。

  A. 库存现金盘点报告表   B. 银行存款余额调节表

  C. 盘存单   D. 实存账存对比表

4. 账务处理程序又称会计核算组织程序,是指(　　)相结合的方式。

  A. 会计凭证   B. 会计账簿

  C. 会计报表   D. 会计科目

5. 由于物资仓库保管员工作调动而对其保管的全部物资进行盘点,按照清查的对象和范围划分属于( )。
  A. 定期清查   B. 不定期清查
  C. 全面清查   D. 局部清查

6. 账账核对包括( )的核对是否相符。
  A. 所有总账的借方发生额合计和贷方发生额合计
  B. 总账余额和所属明细账余额合计
  C. 库存现金日记账和银行存款日记账余额与其总账余额
  D. 银行存款日记账和银行对账单

7. 下列各项中,属于会计核算具体方法的有( )。
  A. 登记账簿   B. 成本计算
  C. 财产清查   D. 编制报表

8. 下列关于账户的观点中,不正确的有( )。
  A. 从某个企业,其全部借方账户与全部贷方账户之间互为对应账户
  B. 从某个会计分录看,其借方账户与贷方账户之间互为对应账户
  C. 通过试算平衡,若企业的全部账户的借贷方金额合计相等,则账户记录正确
  D. 企业不能编制多借多贷的会计分录

9. 能够起到简化登记总分类账工作的账务处理程序的是( )账务处理程序。
  A. 汇总记账凭证   B. 记账凭证
  C. 科目汇总表   D. 日记账

10. 期末损益结转时,"本年利润"账户借方的对应账户分别为( )。
  A. "主营业务收入"   B. "主营业务成本"
  C. "营业外收入"   D. "营业外支出"

得分	评卷人

三、判断题(每小题1分,共10分,正确的打"√",错误的打"×")

1. 各类原始凭证应由会计人员根据实际发生的经济业务如实地填写,不得伪造、涂改或弄虚作假。( )

2. 资产负债表反映企业在某一特定时期所拥有的资产、需偿还的债务,以及股东(投资者)拥有的净资产情况。( )

3. "银行存款余额调节表"调节后的余额如果不相等,通常说明一方或双方记账有误。( )

4. 《企业会计准则——基本准则》中明确规定,企业应当以权责发生制为基础进行会计确认、计量和报告。( )

5. 复式凭证是指将每一笔经济业务事项所涉及的全部会计科目及其发生额均在同一

张记账凭证中反映的一种凭证,该凭证至少涉及3个会计科目。（   ）

6. 在采用永续盘存制的企业,可以不再进行存货的实地盘点。（   ）

7. 任何一项经济业务的发生都会引起资产或权益的增减变化,但始终保持"资产＝权益"这一平衡关系,因此,一项资产的增加,必然引起另一项权益的等额增减。（   ）

8. 各种账务处理程序之间的主要区别在于编制财务报表的依据和方法不同。（   ）

9. 未达账项经过"银行存款余额调节表"调节后,企业银行存款日记账的账面余额和银行存款对账单余额一定一致。（   ）

10. 在填制记账凭证时,不得将不同内容和类别的原始凭证汇总填制在一张记账凭证上。（   ）

得分	评卷人

四、计算题（本题型3小题,第1题12分,第2题5分,第3题12分,共29分）

1. X公司为增值税一般纳税人企业,主要生产和销售甲产品,适用增值税税率13%,所得税税率25%,不考虑其他相关税费。该公司202×年发生以下业务：
   (1) 销售甲产品一批,该批产品的成本16万元,销售价格40万元,专用发票注明增值税5.2万元,产品已经发出,货款及增值税款尚未收到。
   (2) 当年分配并发放职工工资40万元,其中生产工人工资24万元,车间管理人员工资8万元,企业管理人员工资8万元。
   (3) 本年出租一台设备,取得租金收入8万元。
   (4) 本年度计提固定资产折旧8万元,其中计入制造费用的固定资产折旧5万元,计入管理费用的折旧2万元,出租设备的折旧1万元。
   (5) 用银行存款支付销售费用1万元。

   要求：
   (1) 计算202×年度利润表的中"营业收入"金额。
   (2) 计算202×年度利润表的中"营业成本"金额。
   (3) 计算202×年度利润表的中"营业利润"金额。
   (4) 计算202×年度利润表的中"利润总额"金额。
   (5) 计算202×年度利润表的中"所得税费用"金额。
   (6) 计算202×年度利润表的中"净利润"金额。

2. 甲公司（增值税一般纳税人）202×年9月1日"原材料"账户和"应付账款"账户余额如表1所示。

表1　　　　　　　　　　　账户余额表

编制单位：甲公司　　　　　　　　　　　　　　　　　　　　　　单位：元

账户名称	期初借方余额	账户名称	期初贷方余额
原材料	68 000	应付账款	54 000

甲公司202×年9月发生以下经济业务：
(1) 购买材料一批,取得增值税专用发票注明价款8 000元,增值税税额1 040元,款未付。
(2) 车间领用原材料69 600元,用于生产产品。
(3) 以银行存款支付前欠货款7 800元。
要求计算：
(1) "应付账款"账户本月借方发生额合计为(　　　)元。
(2) "应付账款"账户本月贷方发生额合计为(　　　)元。
(3) "原材料"账户本月借方发生额合计为(　　　)元。
(4) "原材料"账户本月贷方发生额合计为(　　　)元。
(5) "原材料"账户本月月末余额为(　　　)元。

3. 根据借贷记账法下的账户结构填写科目汇总表(见表2)中括号内的数字。

表2　　　　　　　　　　科目汇总表　　　　　　　　　　单位：元

账户名称	期初余额		本期发生额		期末余额	
	借方	贷方	借方	贷方	借方	贷方
库存现金	30 000		(　　)	42 000	15 000	
银行存款	(　　)		68 000	72 000	20 000	
应收账款	90 000		70 000	40 000	(　　)	
在途物资	100 000		40 000	(　　)	60 000	
原材料	65 000		(　　)	90 000	33 000	
固定资产	670 000		220 000	(　　)	500 000	
短期借款		100 000	78 000	(　　)		150 000
应付账款		170 000	(　　)	140 000		120 000
应交税费		(　　)	80 000	60 000		70 000
长期借款		300 000	(　　)	400 000		600 000
实收资本		(　　)	150 000	200 000		450 000
盈余公积		20 000	16 000	35 000		(　　)

五、实务题(本题型3小题,第1题11分,第2题10分,第3题10分,共31分。根据经济业务编制会计分录,应交税费要写出具体明细科目)

1. 202×年4月,兴发公司对其资产进行全面的清查,在清查中发现下列问题：
(1) 现金盘盈300元,原因待查。
(2) 现金盘盈原因无法查明,报经有关部门批准后进行会计处理。

(3) 原材料盘亏 800 元,原因待查。
(4) 经查明,原材料盘亏属于自然损耗,报经有关部门批准后进行会计处理。
(5) 盘盈一台未入账的设备,该设备市场价格为 48 000 元,估计新旧程度为 9 成新。
要求:
(1) 根据业务(1)编制会计分录。
(2) 根据业务(2)编制会计分录。
(3) 根据业务(3)编制会计分录。
(4) 根据业务(4)编制会计分录。
(5) 根据业务(5),计算作为前期会计差错记入"以前年度损益调整"账户的金额。

2. 华安公司 202×年 8 月份发生的生产业务如下:
   (1) 领用材料 136 400 元,其中 A 产品耗用 81 000 元,B 产品耗用 43 500 元,车间修理用 6 400 元,公司行政管理部门耗用 5 500 元。
   (2) 分配本月应付电费 7 000 元,其中 A 产品耗用 3 000 元,B 产品耗用 2 500 元,车间耗用 1 000 元,公司行政管理部门耗用 500 元。
   (3) 分配本月职工工资 40 000 元,其中生产 A 产品工人工资 15 000 元,生产 B 产品工人工资 20 000 元,车间管理人员工资 1 700 元,公司行政管理人员工资 3 300 元。
   (4) 根据 A、B 产品的生产工时比例分配本月发生的制造费用(本月 A 产品耗用 6 000 工时,B 产品耗用 4 000 工时)。
   (5) 本月投产的 A 产品和 B 产品全部完工入库,结转其生产成本。
   要求:根据上述经济业务编制相关会计分录。

3. 希望公司系增值税一般纳税人(增值税税率为 13%),7 月份发生下列销售业务:
   (1) 销售 A 产品 40 台,单价 4 000 元,价税款暂未收到。
   (2) 销售 B 产品 20 件,货款 100 000 元,款项已收到并存入银行。
   (3) 用银行存款 2 500 元支付销售产品的广告费。
   (4) 发出 B 产品 50 件,单价 5 000 元,收到一张已承兑的商业汇票。
   (5) 结转本月已销 A 产品、B 产品的产品成本,A 产品成本为 140 000 元,B 产品成本为 280 000 元。
   要求:根据上述经济业务编制相关会计分录。

《基础会计》期末考试模拟试卷五

得分	评卷人

一、单项选择题(本题型共 10 小题,每小题 1 分,共 10 分)

1. 下列记账错误中,不能通过试算平衡检查发现的是( )。
   A. 将某一账户的借方发生额 600 元,误写成 6 000 元,贷方金额无误
   B. 某项经济业务在记账过程中颠倒了借贷科目,金额无误
   C. 借方的金额误记到贷方
   D. 漏记了借方的发生额

2. 会计凭证传递是指会计凭证在单位内部有关部门和人员之间的传递程序和传递时间,其传递过程是指( )。
   A. 会计凭证从填制到财务报表归档保管
   B. 会计凭证从填制到会计凭证归档保管
   C. 原始凭证从填制到财务报表归档保管
   D. 会计凭证从填制到会计账簿归档保管

3. 下列关于会计分录的表述中,不正确的是( )。
   A. 应借应贷方向、账户(科目)名称和金额构成了会计分录的三要素
   B. 会计分录按涉及账户多少,可以分为简单会计分录和复合会计分录
   C. 复合会计分录是指涉及三个或三个以上对应账户所组成的会计分录
   D. 实际工作中,最常用的会计分录为一借一贷

4. 可以不附原始凭证的记账凭证是( )。
   A. 职工临时性借款的记账凭证   B. 从银行提取现金的记账凭证
   C. 以现金发放工资的记账凭证   D. 更正错误的记账凭证

5. 如发生隔页、跳行现象,应在空页、空行处用红色墨水划对角线注销,或者注明"此页空白"或"此行空白"字样,并由( )签章。
   A. 出纳员   B. 记账人员
   C. 审核人员   D. 企业法人

6. 将短期借款 20 万元转为对本公司的投资,则本公司的( )。
   A. 负债减少,资产增加   B. 负债减少,所有者权益增加
   C. 资产减少,所有者权益增加   D. 所有者权益内部一增一减

7. 企业年度终了资产负债表中"未分配利润"项目的数额等于(　　)。
   A. 企业当年的留存收益
   B. 企业当年实现的税后利润(或亏损)
   C. 企业当年实现的税后利润(或亏损)加上以前年度未分配利润(或亏损)
   D. 企业当年实现的税后利润(或亏损)加上年初未分配利润(或亏损),减去当年提取的盈余公积及分配给股东的利润之后的余额

8. 下列各项中,属于会计通过对特定主体的经济活动进行确认、计量和报告,如实反映主体财务状况、经营成果和现金流量等信息这一职能的是(　　)。
   A. 会计控制职能　　　　　　　　B. 会计核算职能
   C. 会计预测职能　　　　　　　　D. 会计监督职能

9. 下列不能作为登记明细分类账依据的是(　　)。
   A. 原始凭证　　　　　　　　　　B. 汇总原始凭证
   C. 记账凭证　　　　　　　　　　D. 汇总记账凭证

10. (　　)账簿一般适用于序时账簿和分类账簿。
    A. 订本式　　B. 活页式　　C. 卡片式　　D. 辅助式

二、多项选择题(本题型共 10 小题,每小题 2 分,共 20 分)

1. 下列选项中,属于记账凭证应具备的基本要素和内容的有(　　)。
   A. 填制单位及凭证的名称
   B. 附件张数与有关人员的签章
   C. 填制的日期及编号
   D. 应借应贷会计科目及金额

2. 财产清查中查明的各种流动资产盘亏或毁损数,根据不同的原因,报经批准后可能列入的账户有(　　)。
   A. 管理费用　　　　　　　　　　B. 营业外收入
   C. 营业外支出　　　　　　　　　D. 其他应收款

3. 下列账簿记录中,可以使用红色墨水的有(　　)。
   A. 结账　　　　　　　　　　　　B. 改错
   C. 冲账　　　　　　　　　　　　D. 登记账户增加额

4. 下列经济业务中,应填制付款凭证的有(　　)。
   A. 提取库存现金备用
   B. 以银行存款支付前欠某单位货款
   C. 购买材料未付款
   D. 购买材料以银行存款预先支付定金

5. 下列各项中,属于汇总记账凭证会计核算程序特点的有( )。
   A. 根据原始凭证编制汇总原始凭证
   B. 根据记账凭证定期编制汇总记账凭证
   C. 根据记账凭证定期编制科目汇总表
   D. 根据汇总记账凭证登记总账

6. 采用实地盘存制,平时账簿记录中不能反映( )。
   A. 财产物资的购进业务
   B. 财产物资的减少数额
   C. 财产物资的增加和减少数额
   D. 财产物资的盘盈数额

7. 采用科目汇总表账务处理程序时,月末应将( )与总分类账进行核对。
   A. 库存现金日记账   B. 明细分类账
   C. 汇总记账凭证   D. 银行存款日记账

8. 企业下列业务中,会影响管理费用的有( )。
   A. 企业盘点库存现金,发生库存现金的盘亏
   B. 存货盘点,发现存货盘亏,由管理不善造成的
   C. 固定资产盘点,发现固定资产盘亏,盘亏的净损失
   D. 库存现金盘点,发现无法查明原因的现金溢余

9. 下列各项中,可以计入利润表"税金及附加"项目的有( )。
   A. 增值税   B. 城市维护建设税
   C. 教育费附加   D. 房产税

10. 下列关于记账凭证的填制要求的说法中,正确的有( )。
    A. 应由主管该项业务的会计人员,按业务发生顺序并按不同种类的记账凭证连续编号。如果一笔经济业务,需要填列多张记账凭证,可采用"分数编号法"
    B. 反映收付款业务的会计凭证可以由会计编号,也可以由出纳编号
    C. 记账凭证可以根据每一张原始凭证填制
    D. 记账凭证可以根据若干张同类原始凭证汇总编制,也可以根据原始凭证汇总表填制

三、判断题(每小题1分,共10分,正确的打"√",错误的打"×")

1. 资产类账户增加都登记在借方。   (   )
2. 属于自然灾害以外的原因造成的存货毁损所发生的净损失,均应计入管理费用。
                                                                    (   )
3. 外来原始凭证由外单位填制,自制原始凭证由本单位财会人员填制。   (   )
4. 更换财产和现金保管人员时,必须进行定期的全面财产清查。   (   )

5. 科目汇总表只反映各个会计科目的本期借方发生额和本期贷方发生额,不反映各个会计科目的对应关系。( )
6. 企业生产车间生产工人的工资是直接人工,直接计入产品成本,生产车间管理人员的工资不属于直接人工,应当计入期间费用。( )
7. 账户对应关系是指两个账户之间的应借应贷关系。( )
8. 某企业进行财产清查时发现盘亏设备一台,其账面原价为 50 000 元,已提折旧 15 000 元,应编制会计分录: ( )

  借:待处理财产损溢   35 000
    贷:固定资产   35 000

9. 单位财产清查中查明的固定资产盘盈,应计入营业外收入。( )
10. 我国的资产负债表中左方列报资产项目,一般是按照资产的流动性排列。( )

四、计算题(本题型 3 小题,第 1 题 7 分,第 2 题 5 分,第 3 题 12 分,共 24 分)

1. 已知 A 公司 202×年年末资产总额是年末流动资产的 2 倍。202×年年末的资产负债表(简表)如表 1 所示。

表 1   资产负债表(简表)

制表单位:A 公司   202×年 12 月 31 日   单位:元

资产	年初数	年末数	负债及所有者权益	年初数	年末数
流动资产:			流动负债:		
货币资金	51 300	47 200	短期借款	200 000	100 000
应收账款	11 500	(1)	应付账款	6 500	20 000
其他应收款	1 000	1 200	应交税费	(4)	4 000
存货	134 200	185 800	流动负债合计	(5)	124 500
流动资产合计	198 000	(2)	非流动负债:		
非流动资产:			长期借款	100 000	200 000
固定资产	352 000	(3)	所有者权益:		
			实收资本	200 000	500 000
			盈余公积	18 000	24 000
			所有者权益合计	218 000	524 000
资产总计	(6)	848 000	负债及所有者权益总计	(7)	848 000

要求:根据题意填写相关空格处的金额。

2. 华安公司 202×年 9 月初库存现金余额为 1 500 元。12 月发生下列经济业务(暂不考虑增值税问题）：

(1) 3日,从银行提取现金2 000元。

(2) 4日,销售产品一批,取得现金1 800元。

(3) 5日,将昨日收到的销货款存入银行。

(4) 6日,销售员张明报销差旅费450元,余款50元交回现金。

根据上述业务,登记库存现金日记账(见表2,采用收、付、转专用记账凭证)。

表2　　　　　　　　　库存现金日记账

202×年		凭证字号		摘要	对方科目	收入	支出	余额
月	日	字	号					
12	1			期初余额				1 500
	3	①	01		银行存款	2 000		3 500
	4	现收	01		②	1 800		5 300
	5	③	01		银行存款		1 800	3 500
	6	现收	02		④			⑤

要求：

(1) 在①处填入正确的内容。

(2) 在②处填入正确的内容。

(3) 在③处填入正确的内容。

(4) 在④处填入正确的内容。

(5) 在⑤处填入正确的内容。

3. A公司所得税税率为25%,该公司202×年1月至11月损益类账户的累计发生额和12月底转账前各损益类账户的发生额如表3所示。

表3　　　　　A公司202×年各损益类账户的发生额　　　　　单位:元

账户名称	12月份发生额		1月至11月累计发生额	
	借方	贷方	借方	贷方
主营业务收入		80 000		670 000
主营业务成本	20 000		250 000	
其他业务收入		8 000		80 000
税金及附加	2 000		20 000	
其他业务成本	15 000		50 000	
投资收益	1 000		2 000	130 000

(续表)

账户名称	12月份发生额		1月至11月累计发生额	
	借方	贷方	借方	贷方
管理费用	500		60 000	8 000
销售费用	2 500	3 800	260 000	
财务费用		1 500		
营业外收入		6 000		

根据上述资料,计算 A 公司 202×年利润表中(1)(2)(3)(4)(5)的金额,并填入表4。

表4　　　　　　　　　　　　　　利润表
单位:A公司　　　　　　　　　　202×年　　　　　　　　　　　单位:元

项目	行次	本年金额	上年金额
一、营业收入		(1)	略
减:营业成本		(2)	
税金及附加		18 000	
管理费用		52 500	
销售费用		258 700	
财务费用		−1 500	
资产减值损失			
加:投资收益(损失以"—"号填列)		127 000	
公允价值变动损益(损失以"—"号填列)			
二、营业利润		(3)	
加:营业外收入		6 000	
减:营业外支出			
三、利润总额(亏损以"—"号填列)		(4)	
减:所得税费用		73 075	
四、净利润		(5)	

五、核算题(本题型 2 小题,第 1 题 26 分,第 2 题 10 分,共 36 分。根据经济业务编制会计分录时,应交税费要写出具体明细科目)

1. 永乐公司 202×年 8 月末各账户的期末余额如表 5 所示。

表 5　　　　　　永乐公司 202×年 8 月末各账户的期末余额　　　　　　单位:元

账户	期末余额	
	借方	贷方
库存现金	2 000	
银行存款	23 000	
库存商品	8 600	
原材料	12 000	
生产成本	6 000	
固定资产	100 000	
短期借款		10 000
应付账款		6 600
实收资本		105 000
资本公积		30 000
合计	151 600	151 600

该公司本月发生下列经济业务(假定不考虑增值税):

(1) 用银行存款购买材料一批,价值 6 000 元,材料已验收入库。
(2) 从银行提取现金 2 000 元备用。
(3) 用银行存款偿还到期的应付账款 5 000 元。
(4) 生产产品耗用材料 2 000 元。
(5) 收到投资者投入的设备一台,价值 50 000 元。

要求:

(1) 编制会计分录。
(2) 根据期初余额和 8 月份发生的经济业务登记"T"形账户,如表 6 所示。

表 6　　　　　　　　　　　　"T"形账户登记表

借方	库存现金	贷方	借方	银行存款	贷方
期初余额			期初余额		
本期发生额合计	本期发生额合计		本期发生额合计	本期发生额合计	
期末余额			期末余额		

借方	库存商品	贷方
期初余额		
本期发生额合计		
期末余额		

借方	原材料	贷方
期初余额		
本期发生额合计		
期末余额		

借方	生产成本	贷方
期初余额		
本期发生额合计		
期末余额		

借方	固定资产	贷方
期初余额		
本期发生额合计		
期末余额		

借方	短期借款	贷方
	期初余额	
	本期发生额合计	
	期末余额	

借方	应付账款	贷方
	期初余额	
	本期发生额合计	
	期末余额	

借方	实收资本	贷方
	期初余额	
	本期发生额合计	
	期末余额	

借方	资本公积	贷方
	期初余额	
本期发生额合计	本期发生额合计	
	期末余额	

(3) 结出 T 形账户的发生额合计和余额。

(4) 编制总分类账户发生额及余额试算平衡表,如表 7 所示。

表 7　　　　　　　　　总分类账户试算平衡表表

账户	期初余额		本期发生额		期末余额	
	借方	贷方	借方	贷方	借方	贷方
库存现金	2 000					
银行存款	23 000					
库存商品	8 600					
原材料	12 000					

(续表)

账户	期初余额		本期发生额		期末余额	
	借方	贷方	借方	贷方	借方	贷方
生产成本	6 000					
固定资产	100 000					
短期借款		10 000				
应付账款		6 600				
实收资本		105 000				
资本公积		30 000				
合计	151 600	151 600				

2. 甲公司202×年度的有关资料如下：

(1) 年初未分配利润为500万元，本年利润总额为1 300万元，适用的企业所得税税率为25%，不存在纳税调整因素。

(2) 按税后利润的10%提取法定盈余公积。

(3) 提取任意盈余公积100万元。

(4) 向投资者宣告分配现金股利500万元。

要求：

(1) 计算甲公司本期所得税费用，并编制确认所得税费用会计分录。

(2) 编制将所得税费用结转本年利润的会计分录。

(3) 编制年终净利润结转会计分录。

(4) 编制甲公司向投资者宣告分配现金股利的会计分录。

(5) 计算年末未分配利润。